K.G. Pöppel (Hg.)
Das Bild des Menschen
in der Wissenschaft

Hildesheimer Beiträge zu den Erziehungs- und Sozialwissenschaften

Herausgegeben von Gottfried Leder,
Dieter Lüttge, Karl Gerhard Pöppel und
Rudolf Wichard

Band 7
Karl Gerhard Pöppel (Hg.)
Das Bild des Menschen
in der Wissenschaft

1978
Georg Olms Verlag
Hildesheim · New York

Karl Gerhard Pöppel (Hg.)

Das Bild des Menschen in der Wissenschaft

Mit Beiträgen von

Hans-Friedrich Bartig, Franz Flintrop, Günther Klages,
Hans Otto Knackstedt, Gottfried Leder, Dieter Lüttge,
Heinrich Maiworm, Karl Gerhard Pöppel, Helmut Sturm
und Rudolf Wichard

1978
Georg Olms Verlag
Hildesheim · New York

© Georg Olms, Hildesheim 1978
Alle Rechte vorbehalten
Printed in Germany
Umschlagentwurf: Paul König, Hildesheim
Herstellung: Strauss & Cramer GmbH, 6945 Hirschberg II
ISBN 3 487 06552 5

Inhalt

Vorwort 6

Günther Klages — Das Bild vom Menschen in der Sicht der Evangelischen Theologie — 9

Karl Gerhard Pöppel — Der Mensch im Lehrer-Schüler-Verhältnis — 27

Hans-Friedrich Bartig — Zur Anthropologie des Aristoteles — 45

Heinrich Maiworm — Thesen zu einer literarischen Anthropologie — 65

Hans Otto Knackstedt — Aussagen katholischer Theologie zum Menschenbild — 83

Rudolf Wichard — Zur anthropologischen Dimension einer Didaktik des politischen Unterrichts — 93

Dieter Lüttge — Das Bild des Menschen - aus der Sicht der Psychologie — 117

Franz Flintrop — Die "Anthropologische Wende" der Neuzeit — 137

Helmut Sturm — Gedanken zum Menschenbild der Biologie — 151

Gottfried Leder — Zur Frage nach dem Bild des Menschen in der Politikwissenschaft — 171

Vorwort

Die Frage nach dem Menschen gehört zu den belästigenden Fragen
menschlicher Existenz, von denen KANT in der Vorrede zu seiner
"Kritik der reinen Vernunft" sagt, daß die menschliche Vernunft
"sie nicht abweisen kann; denn sie sind ihr durch die Natur der
Vernunft selbst aufgegeben, die sie aber auch nicht beantworten
kann; denn sie übersteigen alles Vermögen der menschlichen Vernunft."

Zeugnis für diese unabwendbare Frage legen die Psalmen DAVIDs
ebenso ab wie die naturphilosophischen Gedanken HEISENBERGs, die
Soliquien des Hl. AUGUSTINUS ebenso wie die anthropo-biologischen
Untersuchungen PORTMANNs. Die Vielfalt gültiger wie trivialer Beispiele und der Fächer ihrer Formen in Wissenschaft und Kunst, in
Dichtung und Philosophie ist facettenreicher kaum zu denken. Kinder und Jugendliche jeder heranwachsenden Generation stellen diese Frage neu und finden ihre Antworten vornehmlich am Bild der
erwachsenen Menschen. Darüber hinaus erfahren sie in den Institutionen der Bildung durch Unterricht, mehr noch durch Erziehung die
oft verwirrende Vielfalt widersprüchlicher Sinngebung in dieser
Frage. Die Erwachsenen werden mit ihr immer wieder bei besonderen
Anlässen ihres persönlichen Lebens konfrontiert; sie beantworten
darüber hinaus diese Frage, oft ohne darum zu wissen, durch ihre
Arbeit ebenso wie sie sie "hintergründig" in den vielfältigen
Formen ihrer Kommunikation verhandeln.

Aus welchem Anlaß und in welcher Form auch immer die Frage nach
dem Menschen gestellt wird, der durchgängige Beweggrund liegt in
der Vergewisserung eigenen Sinnverständnisses und eigener Wert-
schätzung. Dabei ist dem Menschen das Risiko dieser Frage ebenso
a priori bewußt wie die Chance, auf diesem Wege seine Geschichte
zu verstehen und seine Zukunft entwerfen zu können.

Dieser Beweggrund (und damit die Fragestellung selbst) wird dann
beschnitten, wenn der Mensch sich von dieser Frage nach sich selbst
entlastet, indem er die außer ihm liegenden Mächten und Instanzen
überantwortet bzw. diese beansprucht, sie für ihn zu beantworten.
Die Gefahr einer solchen Beschneidung dürfte gegenwärtig darin liegen, daß die Wissenschaften, genauer: der Glaube des Menschen an
eine eindimensionale Rationalität die Stelle seines Bewußtseins beherrscht, die bisher religiöse Sinngebungen einnahmen. In dieser
Situation stehen die Wissenschaften vor der verantwortlichen Aufgabe, sich einerseits nicht von anthropologischer Reflexion zurück-
drängen zu lassen und sich für metawissenschaftliche Fragen nicht
zuständig zu halten, was angesichts der Emanzipation von umgreifenden Fragestellungen und dem funktionalen Dienstcharakter der
Wissenschaften in einer technisch-wissenschaftlichen Welt allzu
naheliegt; andererseits werden die Wissenschaften in der Frage
nach dem Menschen die methodologischen Begrenzungen deutlich werden lassen müssen, die sie sich selbst auferlegen, wenn sie Wis-
schenschaft zu sein beanspruchen.

Beide Aspekte legitimieren mehr als hinreichend die Aufgabe, die
Frage nach dem Menschen wachzuhalten und Aufklärung darüber zu
vermitteln, was die Wissenschaften zu einer rationalen Antwort
auf diese Frage beitragen können. Das war das erklärte Ziel einer
Ringvorlesung an der Pädagogischen Hochschule Hildesheim im Wintersemester 1976/77, deren Beiträge hier als Angebot vorgelegt
werden, verschiedene Ansätze und Perspektiven der Frage nach dem
Menschen zu überdenken, auf Widersprüche aufmerksam zu werden und
Verbindungen zwischen methodisch unterschiedlichen Problemstel-
lungen zu entdecken.

Karl Gerhard Pöppel

Günther   K l a g e s

Das Bild vom Menschen in der Sicht der Evangelischen Theologie

Voraussetzungen

1. Die folgenden Ausführungen beschränken sich weithin auf
   theologische Aussagen im engeren Sinn. Dies ist für den Dialog mit den anderen Wissenschaften insofern günstiger, als
   diese präzise den Standort des Gesprächspartners ausmachen
   können.

2. Wenn wir uns dabei auf das biblische Zeugnis konzentrieren,
   so bedeutet das keine grundsätzliche Ausklammerung der anthropologischen Entwürfe anderer Religionen und der verschieden-
   sten weltanschaulichen Reflexionssysteme. Für ihre Beiträge
   bleiben wir offen. Für ein intensiveres Gespräch sind sie
   geradezu unerläßlich. Dennoch erscheint uns diese Beschränkung
   aus folgenden Gründen vertretbar:
   Pragmatisch, weil ein ausreichendes Grundwissen in anderen
   Anthropologien - insbesondere der Fremdreligionen - nicht
   vorausgesetzt und im Rahmen dieser Veranstaltung auch nicht
   vermittelt werden kann.
   Inhaltlich, weil die Frage nach dem Menschen und der Menschheit in dem sich vom biblischen Zeugnis her verstehenden
   Christentum - auf der Nahtstelle zwischen Judentum und grie-
   chisch-hellenistischem Denken - in einer Tiefe reflektiert
   und partiell auch existential, ja existentiell verifiziert
   ist, wie dies nicht so ohne weiteres von vergleichbaren Religionen behauptet werden kann.
   Im Aufbau halten wir uns an das alte Credo, versuchen jedoch,
   dessen Aussagen - möglichst ohne größeren Verlust in der
   "Sache" - in den Denk- und Fragehorizont des Menschen heute
   umzusprechen.

3. Gott wird im TILLICHschen Sinn verstanden als "das Sein
   selbst", als "Gott über Gott" als der "Urgrund des Seins",
   aber auch mit PANNENBERG als "die alles bestimmende Wirklichkeit" (PANNENBERG 1973, 299 ff.)
   Damit wird einerseits im Anschluß an das Bilderverbot die
   Nichtobjektivierbarkeit und Unverfügbarkeit Gottes ausgesagt,

wie sie BONHOEFFER präzisiert hat: "Einen Gott, den 'es gibt', gibt es nicht." Gleichzeitig soll festgehalten werden, daß er uns näher ist als wir uns selbst, daß er als "das Sein in der Tiefe", als "eigentlicher und letzter Sinn" das repräsentiert, "was uns unbedingt angeht", gegenüber dem positivistischen Denkansatz, der über das Feststellen des Feststellbaren, die objektive Datenerhebung, die instrumentelle Vernunft, die durch Computer definierte Rationalität nicht hinausgehen will. Wobei allerdings zu unterscheiden ist zwischen dem heuristischen Prinzip der "positiven Wissenschaft" und einem die Sinnfrage leugnenden Positivismus.

4. Der Christus: Das alles drängt natürlich auf die Frage hin: Woher weiß ich das und wer verbürgt mir das? Christlicher Glaube antwortet: In dem Menschen Jesus von Nazareth ist Gott selbst präsent geworden. In seinem Lehren, Leben und Sterben vergegenwärtigt er diesen Gott; nicht als Himmelswesen, sondern unter den Bedingungen und Strukturen menschlicher Existenz. "Wir haben nicht einen Hohenpriester, der nicht könnte mitleiden mit unserer Schwachheit, sondern der versucht ist allenthalben gleich wie wir, doch ohne Sünde" (Hebr. 4, 15).
Der letzte Halbvers signalisiert bereits den Beginn der Christologie. Die Betroffenheit durch das Anderssein, ja die Singularität Jesu spricht sich in dem den ersten Gemeinden vorliegenden religionsgeschichtlichen Vokabular aus.

1. Der Mensch als Geschöpf in der Schöpfung
(vgl. MÜLLER 1977, 6 ff.)

1.1 Wenn die Bibel vom Menschen als einem Geschöpf Gottes spricht, sagt sie damit erstens aus, daß der Mensch konstitutiv ein Empfangender ist. Er lebt ein Leben, das er sich nicht selbst verschaffen kann.
Diese Rede vom Menschen als Geschöpf und Gott als seinen Schöpfer ist jedoch ein Glaubenssatz, der in der

evangelischen Theologie Jahrzehnte hindurch eine unter-
geordnete Rolle gespielt hat.
Einmal, weil er in der Zeit des sogenannten "Dritten
Reiches" mißbraucht worden und bis zu einer "Blut- und
Bodentheologie" entartet ist, die den BARTHschen
christologischen Gegenschlag nur um so härter und ver-
nichtender ausfallen ließ. Zum anderen wegen des säku-
larisierten und technisierten Menschenbildes der Gegenwart. Vor wenigen Jahren wäre es geradezu unmöglich gewesen, einen solchen Satz niederzuschreiben. Der Glaube
an die Machbarkeit, zumindest Nachkonstruierbarkeit des
Menschen war eigentlich grenzenlos.
Erst ganz allmählich beginnt sich die Fortschrittsgläu-
bigkeit zu verlangsamen, mancherorts gerät sie bereits
ins Stocken. Der Mensch gewinnt wieder mehr Distanz zu
seinen Forschungsergebnissen. Es wächst die Einsicht,
daß der Mensch nicht nur ein mechanisches Produkt der
Physik und der Chemie ist. Ja gerade diejenigen, die im
Detail am weitesten fortgeschritten sind, erkennen, wie
aspekt- und lückenhaft unser exaktes Wissen ist. Die
interplanetarische Forschung hat nicht mehr den tita-
nenhaften Drang, ja Übermut des ersten Jahrzehnts. Die
Verwunderung darüber wächst, wie viele Voraussetzungen
gegeben sein müssen, bevor ein Lebewesen wie der Mensch
existieren kann. Weit und breit ist kein Gestirn zu erkennen, das vergleichbare Bedingungen aufzuweisen hätte.
Millionen von Zufällen wären nötig, um ähnliches Leben
zu ermöglichen!! Hat nicht der biblische Schöpfungsglau-
be eine Erfahrung festgehalten, die nicht nur von histo-
rischem Wert ist, sondern auch "wahrer" ist als manche
kurzlebige Theorie?

1.2   Als Einziger weiß der Mensch um sein Leben. Er weiß, daß
seine Existenz eine Leihgabe auf Zeit ist. Er hat in
dieser Beziehung den "Lilien auf dem Felde" und den
"Vögeln unter dem Himmel" (Luk. 12) nichts voraus. Er
hat zwei Möglichkeiten: Er kann diese begrenzte Existenz

als Chance ergreifen, er kann sie aber auch in Hybris
usurpieren. In jedem Fall muß er sie verantworten.
Wiederum haben wir Aussagen vor uns, die in der Gegenwart weithin verschüttet sind. Wir wollen uns auf "Dank"
und "Verantwortung" beschränken. Besonders der Terminus
Dank ist weithin zu einem Fremdwort geworden. Nach gängi-
gem Verständnis ist Danken allenfalls eine Sache von Kindern und Abhängigen. Der moderne Mensch ist ein "mündiger Bürger", der mit dem anderen auf der Basis der
Gleichheit, Ebenbürtigkeit und Gerechtigkeit verhandelt.

Wozu Dank, wenn ich das erhalte, was mir zusteht? Dank -
so meinen viele - erzeuge bzw. stabilisiere geradezu un-
gerechte Herrschaftsverhältnisse. Der heutige Mensch
kämpft um sein Recht, er versucht es durchzusetzen und
verteidigt es gegenüber fremden Interessen. Zum Danken
besteht seines Erachtens kein Grund.
Dieses Verständnis wird auch auf Gott übertragen, wenn
man Gott überhaupt noch in die Reflexion einbezieht. Zu-
meist erst in Mangel-, Krisen- und Grenzsituationen geht
dem Menschen auf, daß diese Haltung unangemessen ist.
Erst dann leuchtet auf, daß menschliche Existenz Gabe
ist und der Dank eine ungeheure Bereicherung bedeutet.
Denn der Dank bedeutet Reflexion der Gaben und der Begabungen. Und erst wenn man über sie nachdenkt, stellt man
fest, daß sie zahlreicher und größer sind, als man zuvor
angenommen hat. Zudem befreit der Dank von der Fixierung
auf den Mangel.
Etwas komplexer ist das Problem der Verantwortung. Zwar
ist die Erziehung zur Verantwortung durchaus ein Erziehungsziel gegenwärtiger Pädagogik, dennoch erfolgt -
vielleicht unbewußt - durch manche psychologischen, insbesondere aber soziologischen Schulen eine m.E. unzuläs-
sige Aufweichung des Sachverhalts. Damit ist nichts gegen notwendige Entlastungsfunktionen gesagt, aber der
ständige Hinweis auf die angeblichen oder tatsächlichen
Zwänge und Mechanismen führt immer mehr zu einer gerade-

zu deterministischen Grundhaltung, die direkt oder in-
direkt Verantwortung und natürlich erst recht Schuld zu
negieren geneigt ist.
Das aber führt zu einer Schwächung des Personseins des
Menschen. Indem die Bibel über die Verantwortung des
Menschen für den anderen die Verantwortung vor Gott betont, nimmt sie ihn ernster, als eine diesseitige Instanz dies kann. Daß sein Tun selbst vor dem heiligen,
allmächtigen Gott relevant sein soll, gibt ihm eine un-
überbietbare Würde.

1.3 Aber auch schon das theistisch orientierte Alte Testament
kennt neben der Vertikalen die Horizontale. Während die
Vätertheologie und die Bundestheologie mehr exklusiv die
Verantwortung für die eigene Gruppe, das Volk Israel,
betonen, erfolgt schon bei den klassischen Propheten
eine gewisse Öffnung zum Universalen hin.
Jedoch erst das Neue Testament kennt neben der speziel-
len Verantwortung für die entstehenden Christengemeinden
das unterschiedslose Eintreten für alle Menschen. Die
jetzt uneingeschränkte Universalität resultiert aus der
Heilsverkündigung für alle Menschen. Wenn es Modifika-
tionen gibt, dann nur hinsichtlich der Bedürftigkeit.
Denn "die Starken bedürfen des Arztes nicht, sondern die
Kranken" (Mtth. 9,12). In diesem Punkt finden wir uns
in voller Übereinstimmung mit den Hauptrichtungen gegenwärtiger evangelischer Theologie. Die Konzentration auf
die Armen und Unterdrückten hat hier ihre Legitimität.
Aber nun doch wieder mit einem signifikanten Unterschied:
Wir machen die anderen nicht zu Gegnern, zu Feinden, ja
zu Klassenfeinden. Der christliche Glaube umfaßt in Liebe
alle. Das Zeugnis Jesu ist m.E. in diesem Punkt so eindeutig, daß es keiner weiteren Erläuterung bedarf.

1.4 Die Verantwortung des Menschen erstreckt sich nach
biblischem Zeugnis aber nicht nur auf die Menschheit,
sondern nach Gen. 1,28 auf alle Kreatur, auch auf die

Erde selbst. Den Auftrag, sich die Erde untertan zu
machen, hat die evangelische Theologie immer sehr ernst
genommen und in unzähligen Variationen reflektiert. Die
naturwissenschaftlichen, technischen und zivilisatori-
schen Leistungen der westlichen Welt haben hier - und
damit hat Max WEBER recht - eine ihrer stärksten Wurzeln.
Heute ist menschliches Leben auf unserem Erdball ohne
diese Errungenschaften nicht mehr vorstellbar. Soweit
die positive Würdigung.
Inzwischen hat jedoch die Menschheit diesen Auftrag des
"Herrschens" und der "Untertanmachung" weit überzogen, ja
pervertiert. Aus legitimer Herrschaft ist weithin Verskla-
vung, willkürliche Verzweckung, ja Ausbeutung und Ausrot-
tung von Leben geworden. Das zeigt sich bis in die Terminologie. Ausdrücke aus dem materialen Arbeitsprozeß werden unbesehen und unbefangen übernommen. Der Eigenwert des
Lebens wird nicht erkannt und respektiert.
Für die Bibel ist aber das "Herrschen" nur ein Aspekt.
Er ist zu ergänzen und zu relativieren, ja zu korrigie-
ren durch Gen. 2. Dort wird die Erde als "Garten" bezeichnet und der Mensch erhält die Aufgabe, diesen zu
"bebauen" und zu "bewahren" (Gen. 2,15).
Neben der unumgänglichen Nutzung wird diese Zielvorstel-
lung in den kommenden Jahren dominieren müssen, wenn der
Mensch die ihm von Gott geschenkte Heimstatt nicht ver-
nichten will.

1.5   Bereits Gen. 1,27 b. dokumentiert, daß nach biblischem
Verständnis niemand dieser Aufgabe solipsistisch in
splendid isolation gewachsen ist. In der Vorstellung und
Sprache der damaligen Zeit heißt es, Gott gab ihm eine
"Gehilfin, die um ihn sei". Das heißt: Der Mensch ist
konstitutiv auf Partnerschaft angelegt. Er kann sich
und seine Aufgaben nur verwirklichen, wenn er eine
"dialogische" Existenz führt. Beide Schöpfungsberichte
wollen sagen, daß der Mensch letztlich nicht als Einzelner leben kann, sondern immer des geschichtlich begeg-

nenden Nächsten bedarf.

Da dieser Gedanke in der evangelischen Exegese derzeit
einen breiten Raum einnimmt, können wir uns sicher kürzer fassen.

1.6 Etwas ausführlicher müssen wir dagegen auf das umfassende Prädikat eingehen, das der Verfasser der Priester-
schrift der Schöpfung insgesamt gibt. Es lautet: "sehr
gut" (Gen. 1,31).

Diese Bewertung steht bereits im Gegensatz zu den meisten anderen "Schöpfungsmythen", die durchaus bereit
waren, die offensichtlichen Mängel dieser Welt ihrem
vermeintlichen Urheber anzulasten. Entweder - so glaub-
te man - könne diese Schöpfung nur das Werk eines un-
tergeordneten Gottes sein, eines Demiurgen, oder die
Hauptgottheit habe bei der Schöpfung der Welt eine
nicht besonders gute Schaffensphase gehabt.

Die Bibel dagegen lehnt eine solche Ursachenverteilung
auf Gott strikt ab. Aus der Hand Jahwes ist diese Welt
"sehr gut" hervorgegangen. Das Böse ist erst "später" -
zum größten Teil durch den Menschen mit verursacht - in
die Welt gekommen. Das darf natürlich nicht historisch
verstanden werden. Festzuhalten ist: Der biblisch-christ-
liche Glaube vertritt die Überzeugung, daß er zu der
Schöpfung Vertrauen haben darf, weil sie aus der Hand
des Gottes hervorgegangen ist, der der Bundesgott des
Volkes Israels und der Vater Jesu Christi ist.

Es wird - wie eingangs betont - Zeit, dem ersten Artikel
den ihm gebührenden Platz zurückzugeben, soll er nicht
von pseudo-religiösen Aussagen beansprucht, ja vielleicht in nicht allzu ferner Zeit besetzt werden.

2. Der Mensch als Entfremdeter

2.1 Der letzte Gedankengang hat eigentlich schon zu dieser
Gegebenheit übergeleitet. Das "Sehr gut" aus Gen. 1 ist
nicht Ausdruck idealistischen Wunschdenkens, es ent-

stammt auch nicht dem Ghetto einer weltfremden Frömmig-
keit, die die Wirklichkeit nur durch die rosarote Brille
naiver Harmlosigkeit sieht, es ist vielmehr dialektisch
verschränkt mit der Zusage, daß "das Dichten und Trachten des menschlichen Herzens ... böse von Jugend auf"
ist (Gen. 8,21). Darin spricht sich die existentiale
Ureinsicht aus, daß der Mensch sich und seine Umwelt
als gefährdet, ja gestört vorfindet.
Beide Aussagen "sehr gut" und "böse von Jugend auf" sind
nicht rational in einem logischen System in Übereinstimmung zu bringen. Und auch in der Existenz sind sie nicht
zu harmonisieren oder wenigstens verträglich zu gestalten. Der Versuch, die Gefährdung zumindest nicht in
Chaos ausarten zu lassen, erfordert schon so viel Anstrengung und Kraft, daß eine Lösung der Problematik der
Menschheit bisher versagt geblieben ist. Um es an einem
Bilde zu verdeutlichen: Wohl gelingt es immer wieder,
Kriege durch Waffenstillstand zu beenden, aber zu einem
dauerhaften Frieden findet man selten. Die Mächte arran-
gieren sich auf Zeit, aber unter der Decke brodelt es
weiter. Und selbst wir, die wir seit 3 Jahzehnten in
einer äußerlich gesehen befriedeten Gegend wohnen, wissen, daß wir letztlich totaler gefährdet sind als jede
Generation vor uns.

2.2   Woran liegt das?
      Der Mensch, der in unvergleichlicher Weise dazu berufen
      ist, "Mandatar Gottes" zu sein, verfehlt diese Würde in
      dreifacher Weise:
      2.2.1 Er, der "sorglos" aus der Hand des Schöpfers leben
            könnte, meint sich alles selbst besorgen zu müssen
            und gegen alle möglichen Gefahren absichern zu
            sollen. Da sein Leben aber konstitutiv offene
            Existenz ist, bleiben diese Versuche letztlich
            ergebnislos.
      2.2.2 Er will nicht nur Mandatar sein, sondern versucht
            sich selbst zum absoluten Subjekt zu setzen. Damit

stellt er sich auf einen Platz, auf dem er nicht
stehen kann. Er wird zum Usurpator. Und so bewirkt
er Vernichtung, wo er Segen schaffen sollte, Sklaverei, wo er Freiheit gewähren müßte.

2.2.3 Dadurch wird aber auch er selbst nicht frei. Er
wird ein Opfer der Mächte, die er beherrschen
sollte. Er ehrt anstelle des Schöpfers das Geschöpf und wird damit in die Sklaverei der Mächte
getrieben. Die Apparate, die ihm dienen sollten,
beginnen sich seiner zu bemächtigen.

2.3 Damit verfällt er der Angst.

2.3.1 Dies ist einmal die Angst vor der Sinnlosigkeit.
Sie bricht durch, wenn der Mensch erkennen muß,
daß das, wofür er gearbeitet, gekämpft und gelit-
ten hat, ihm nicht das erhoffte Glück und den er-
sehnten Frieden geben kann. Wenn er sieht, wie ihm
letztlich alles wieder unter den Fingern zerrinnt.

2.3.2 Es ist die Angst vor der Isolation, vor der Einsam-
keit. Er sucht dann plötzlich die Gemeinschaft mit
den Menschen, die er bisher übersehen oder nur für
seine Zwecke benutzt hat. Nun möchte er etwa den
Schutz und die Wärme der Familie, nun sehnt er
sich nach brüderlichen Menschen. Aber er sucht
sie zu spät. Er hat sie verspielt. Vielleicht sind
sie alle, um deren Freundschaft er sich nun bemüht, biologisch noch am Leben. Aber die Gemeinschaft mit den anderen Menschen wird nicht erst
durch den Tod zerrissen, sie ist zu oft vorher
schon gestört, ja zerstört durch unsere Selbst-
sucht und Kälte. Das oft unverstandene Wort des
Paulus: "Der Tod ist der Sünde Sold" (Röm. 6,23)
deckt tiefste Zusammenhänge auf. Der Mensch wird
deswegen zunichte, weil er schon vorher der
Nichtigkeit verfallen ist.

2.3.3 Daraus resultiert die Angst vor dem Tode.
Der Tod des Menschen ist tödlicher als der der

sonstigen Kreatur. Als einziges uns bekanntes
Lebewesen stirbt er den Tod bewußt als Auslöschung
seiner Existenz. Der Tod, dem wir wissend entge-
gengehen, ist der totale Untergang unseres individuellen Seins.
Man hat das sowohl in den philosophischen Systemen
als auch in fast allen Religionen abzuschwächen
versucht. Demgegenüber bezeugt die Bibel, daß der
Tod unsere ganze Person betrifft. Wir verlieren
uns ganz. Darum empfinden wir den Tod als Widerspruch zu unserem Leben. Wir verfallen wie Pflan-
zen und Tiere dem Naturprozeß der Verwesung. Daher die Angst vor dem Tode. Das hat überhaupt
nichts mit Feigheit zu tun. Sie ist das Grauen vor
dem Ende als solchem, vor der Entselbstung, vor
dem Untergang ins Nichts.

3. Der Mensch als Erlöster

3.1 Die dritte Urerfahrung des Glaubens ist die des "Dennoch"
     (Ps. 73,3). Dieses "Dennoch" ist total gemeint. Es um-
     faßt die ethische Dimension. Selbst ein Paulus muß ein-
     gestehen, daß oft das Gegenteil von dem, was er will,
     bei seinem Tun herausspringt: "Das Gute, das ich will,
     das tue ich nicht; sondern das Böse, das ich nicht will,
     das tue ich" (Röm. 7,19).
     Die ethische Dimension aber geht unvermittelt in die
     religiöse über. Das Gesetz Gottes als religiöser Heils-
     weg ist erledigt, "weil kein Fleisch durch des Gesetzes
     Werke vor "Gott" gerecht sein kann" (Röm. 3,20).
     Und aus beiden resultiert der ontologische Befund, daß
     das ethische und das religiöse Versagen in den totalen
     Tod einmünden. "Ich elender Mensch! Wer will mich erlö-
     sen von dem Leide dieses Todes?" (Röm. 7,24).
     Die Bibel läßt das alles hart und realistisch stehen.
     Sie sieht auch keine natürliche Brücke über den "garsti-
     gen Graben", um dennoch auf verborgenen Schleichwegen

zum Heil zu gelangen. Sie bezeugt dagegen den <u>totalen</u>
<u>Neubeginn von Gott her</u>. Das totaliter aliter, besser,
den ganz anderen: <u>Jesus Christus</u>. In ihm eröffnet sich
dem Menschen die Chance der Erlösung schlechthin.

3.2 Was heißt das inhaltlich?
Jesu Predigt beinhaltet letztlich nichts anderes als
immer neue Variationen über das Thema der <u>unverdienten</u>
<u>Güte Gottes</u>. Das entwickelt Jesus nicht in einem logisch
geschlossenen System, sondern das vergegenwärtigt er
narrativ in seinen Gleichnissen und Logien, ja selbst in
den Streitgesprächen.
Um es an einem Beispiel zu verdeutlichen: Wenn Jesus in
dem Gleichnis vom Schalksknecht (Mtth. 18,23-35) davon
spricht, daß jener Betrüger seinem Herrn 10.000 Pfund
schuldig ist, dann hat es wenig Zweck (ein Talent =
6.500 Goldmark) nachzurechnen, wie hoch die Schuld wohl
sein könnte. Es soll vielmehr gerade das gesagt werden:
Die Schuld ist so groß, daß er sie <u>nie</u> bezahlen kann,
auch wenn er und seine ganze Familie ab sofort ihr Leben
lang in der Sklaverei arbeiten würden. Hier gilt nur
eines: unmöglich. Auf dem Wege der Gegenleistung, der Be-
zahlung ist hier nichts zu erreichen.
Und dann kommt der Vers, um des willen Jesus den ersten
Teil des Gleichnisses erzählt: "Da <u>jammerte</u> den Herrn
des Knechtes, und er ließ ihn los, und die <u>Schuld erließ</u>
<u>er ihm auch!</u>" (Vers 27). Oder wer dächte nicht an Luk.
15. Es stimmt schon, daß wir hier bereits in nuce das
ganze Evangelium haben.

3.3 Aber Jesus predigt das nicht nur. Er reicht diese Güte
Gottes in seinem Leben und in seinem Sterben weiter, indem er für andere lebt und stirbt. So entfaltet sich
von Jesus her ein Geschehen in die Welt, das die Menschen zurückzubringen vermag zu ihrer ursprünglichen
Bestimmung, nämlich <u>Spiegel und Ebenbild Gottes</u> zu
sein. Für die Gemeinde rückt Jesus immer mehr auf die

Seite Gottes, so daß sie mit Johannes sagen kann, wer
ihn sieht, der sieht den Vater (Joh. 14,9).

3.4 Im Vergleich zu der "Bezugsperson" Jesus, die das
eigentliche Spiegelbild Gottes ist, sind wir dies immer
nur sporadisch und partiell, aber dennoch real, wenn
wir auf Gott und seine Gnade schauen.
Das muß verdeutlicht werden: Die Gemeinde wie der einzelne sind das Spiegelbild bzw. Ebenbild Gottes gerade
nicht so, daß sie sich dieser Ebenbildlichkeit rühmen
oder sie selbstzufrieden als zuhandenen Besitz genie-
ßen, sondern diese Ebenbildlichkeit zeigt sich gerade
darin, daß wir sie uns als Freundlichkeit, Liebe, Güte
und Vergebung Gottes schenken lassen. Und wo diese
Gnade im Akt der Entscheidung je neu ergriffen wird,
ereignet sich "neue Existenz".

3.5 In dieser Welt erreicht der Christ diese seine Bestimmung jedoch nur in der Überwindung des Widerspruches gegen seine Bestimmung. Er findet diesen Widerspruch am
deutlichsten in sich selbst. Paulus und die Reformatoren
sprechen vom Kampf des "Fleisches" gegen den "Geist",
vom Kampf des "alten" mit dem "neuen Menschen". "Es bedeutet, daß der alte Adam in uns durch tägliche Reue und
Buße soll ersäufet werden und sterben mit allen Sünden
und bösen Lüsten; und wiederum täglich herauskommen und
auferstehen ein neuer Mensch, der in Gerechtigkeit und
Reinheit vor Gott ewiglich lebe!" (LUTHER, Kl. Katechis-
mus).

3.6 Das gilt auch für sein Verhältnis zum anderen. Der
Christ hat den Auftrag, den Nächsten zu lieben wie sich
selbst (Mtth. 19,19 u.ä.). Er stellt aber immer wieder
fest, daß er es nicht tut. Daraus zieht er aber nicht
die Folgerung, sich dieser Aufgabe zu entziehen. Er
braucht auch nicht sein oftmaliges Versagen schamhaft

zu verschweigen, sondern kann sich offen zu ihm beken-
nen. Denn er weiß, daß Gottes Kraft gerade "in den
Schwachen mächtig ist" (2. Kor.12,9). So argumentiert
keine Ideologie. Der ideologisch Verhaftete muß Helden
aufbauen und Versagen hinter Scheinerfolgen verbergen,
der Christ kann durch absolute Offenheit und Ehrlich-
keit je neu die Basis für echte Mitmenschlichkeit und
Partnerschaft schaffen.

3.7 Auch sein Verhältnis zur Gesellschaft ist anders geworden. Luther hat es klassisch so formuliert: "Ein Christenmensch ist ein freier Herr aller Dinge und niemandem
untertan. Ein Christenmensch ist ein dienstbarer Knecht
aller Dinge und jedermann untertan." Das heißt: er ist
nicht Sklave der Bedürfnisse und Zwänge der Gesellschaft,
sondern steht ihr frei und kritisch gegenüber. Aber um
der Liebe Christi willen ist er bereit, viele Dienste
und Erschwernisse mit zu übernehmen und mit zu verantworten. Wie Christus trägt er stellvertretend Versäum-
nisse und Folgen von Fehlentscheidungen mit, auch wenn
er selbst völlig unschuldig daran ist. Diese Dialektik
ist für eine realistische evangelische Theologie unaufgebbar.

3.8 So kann sich die Gemeinde Gottes als Vorhut einer neuen
Menschheit verstehen. Sie ist zur Kooperation mit all
denen bereit, die durch Verbesserung der Strukturen helfen wollen, den Menschen zu seiner Bestimmung kommen zu
lassen. Allerdings ist sie realistischer und erwartet
nicht das "Reich Gottes" als menschliche Möglichkeit
auf Erden. Sie, die das Kreuz des Herrn kennt, wird
durch Widerstand und Gegnerschaft nicht überrascht. Ent-
stehende Leiden hofft sie in der Nachfolge Christi mit
der Hilfe Gottes (Gott im Vokativ) und unter der
consolatio fratrum zu bestehen. Auch der Gegner wird
nicht Klassenfeind, er bleibt Bruder.

4. Der realeschatologische Aspekt

4.1 Es gibt heute nicht wenige Theologen, die auf realeschatologische Aussagen ganz verzichten und die Realeschato-
logie in Präsenzeschatologie aufgehen lassen. Ich meine,
daß dies eine Verkürzung der biblischen Botschaft ist.
Der Glaube an die Güte Gottes wagt eine letzte Aussage:
Er hofft, daß Gott sein Geschöpf auch im Tode nicht
fallenlassen wird. Allerdings lebt der Christ diesen
Glauben wie in der ersten Schöpfung gänzlich im Empfangen. Die Hoffnung, die der Glaube angesichts des Todes
zu äußern wagt, resultiert nicht aus dem griechischen
Unsterblichkeitsgedanken, sie basiert allein auf der Zuversicht, daß uns nichts scheiden kann "von der Liebe
Gottes, die in Christus Jesus ist, unserem Herrn"
(Röm. 8,39).

4.2 Wenn schon die Bibel selbst in ihren ursprünglichen Par-
tien hinsichtlich materialer Aussagen über die "Ewigkeit" äußerst vorsichtig ist, sollten wir noch zurück-
haltender sein, wohl wissend, daß all' unsere Bilder
und Symbole immer mehr Paralogien als Analogien sind.
Weithin begnügt sich die Bibel sogar mit der via nega-
tionis: "Der Tod wird nicht mehr sein, noch Leid, noch
Geschrei, noch Schmerz wird mehr sein ..." (Off. 21,4).
"Sie werden nicht freien noch sich freien lassen"
(Mtth. 22,30). Das heißt: Menschliche Strukturen und
Hemmnisse gelten nicht mehr.

4.3 Die biblischen Autoren rechnen allerdings mit "Individualität", aber in ganz neuer Weise. Die Bezogenheit auf
Gott und den Nächsten ist nun total. Es geht gerade nicht
um die Glückseligkeit der Einzelseele, sondern um die
Einbettung in die Gemeinde Gottes. Ewiges Heil kann
nicht solipsistisches egoistisches Weiterexistierenwol-
len sein.
Die Bibel vermag dieses neue Leben nur im Bilde der be-

tenden, anbetenden, feiernden und Gott dienenden Gemeinde auszudrücken. "... Sie stehen vor dem Throne Gottes und dienen ihm Tag und Nacht in seinem Tempel; und der auf dem Throne sitzt, wird über ihnen wohnen. Sie wird nicht mehr hungern noch dürsten; es wird auch nicht auf sie fallen die Sonne oder irgendeine Hitze; denn das Lamm mitten auf dem Thron wird sie weiden und leiten zu den frischen Wasserquellen und Gott wird abwischen alle Tränen von ihren Augen" (Off. 7,15 ff.).
PAULUS sagt es kürzer und wohl auch theologisch noch richtiger. Für ihn heißt Ewigkeit: "Gott ... alles in allem" (1. Kor. 15,28). Das ist ein gutes Wort und damit sollten wir zufrieden sein.

Literatur (Auswahl)

Becker, H.,   Anthropologie und Pädagogik, Bad Heilbrunn
                       1963

Coreth, E.,   Was ist der Mensch? Grundzüge einer philoso-
                       phischen Anthropologie, 1973.

Harbsmeier, G.,   Was ist der Mensch? Grundvigs Beitrag zur
                       humanen Existenz. Eine Alternative zu
                       Kierkegaard, Göttingen 1973.

Jonas, H.,   Zwischen Nichts und Ewigkeit, Göttingen 1973.

Menne, F.W.,   Kirchliche Sexualethik gegen gesellschaftli-
                       che Realität. Zu einer soziologischen Anthro-
                       pologie menschlicher Fruchtbarkeit, München
                       1971.

Moltmann, J.,   Christliche Anthropologie in den Konflikten
                       der Gegenwart, Stuttgart 1973.

Müller, H.M.,   Die christliche Lehre von Schöpfung und Sünde
                       in der Umformungskrise, in: Die Spur, 17.
                       Jg. 1977, Heft 1, Seite 6 ff.

Pannenberg, W.,   Wissenschaftstheorie und Theologie,
                    Frankfurt 1973.

Pannenberg, W.,   Was ist der Mensch? Die Anthropologie der
                    Gegenwart im Lichte der Theologie, 4. Aufl.,
                    Göttingen 1972.

Pearce, E.K.V.,   Wer war Adam? Ein Forscher nimmt den
                    Schöpfungsbericht ernst, 1974.

Rad, M.v.,   Anthropologie als Thema von psychosomatischer
                    Medizin und Theologie (Urban-TB, T-Reihe, 167).

Rahner, K.,   Experiment Mensch. Vom Umgang zwischen Mensch
                    und Gott, (Siebenstern) 1973.

Raiser, K.,   Identität und Sozialität. George Herbert Meads
                    Theorie der Interaktion und ihre Bedeutung für
                    die theologische Anthropologie, München 1971.

Ringeling, H.,   Neue Humanität. Beiträge zur theologischen
                    Anthropologie (Gütersloher Taschenbücher 95).

Roth, H.,   Pädagogische Anthropologie, 1. Bd. Hannover
                    1968, 2. Bd. Hannover 1971.

Wolff, H.W.,   Anthropologie des Alten Testaments, 2. Aufl.
                    München 1974.

Wyss, D.,   Strukturen der Moral. Untersuchungen zur
                    Anthropologie moralischer Verhaltensweisen,
                    2. Aufl. Göttingen 1970.

Karl Gerhard   P ö p p e l

Der Mensch im Lehrer-Schüler-Verhältnis

Im zweiten Teil seines Vortrags hat uns der ev. Theologe den Umriß
einer theologischen Anthropologie vorgestellt. Unter drei Perspektiven wurde uns der Mensch gezeigt, drei Skizzen ermöglichten ein
"Bild" vom Menschen: er ist ein "Gesetzter", dh. er ist Geschöpf;
er ist ein "Entfremdeter", dh. er ist ein gefallener Mensch; er
ist ein "Befreiter", dh. er ist erlöst.

Ein solcher Entwurf einer theologischen Anthropologie ist nur möglich unter einer ganz bestimmten Voraussetzung. Sie wurde am Ende
des ersten Teiles genannt. Wollten wir sie auf einen Begriff bringen, dann geschähe das am besten mit dem der Offenbarung. Sie ist
nach christlichem Glauben "das freie Werk eines persönlichen Gottes, der sich in Wort und Tat in geschichtlicher Unableitbarkeit
wo, wann und wie er will, dem Menschen erschließt. Offenbarung ist
somit personale Selbstmitteilung Gottes an den Menschen, Eröffnung
eines Raumes personaler Kommunikation, Teilhabe und Liebe, die so
weit geht, daß Gott in Jesus Christus als Mensch unter Menschen
endgültig und unüberbietbar offenbart, wer er ist, wie er handelt,
was er mit uns vorhat". (EXELER/SCHERER 1971, 244 f.)

Solche Offenbarung ist nun in der Tat die fundamentale Bedingung
theologischen Denkens. Sie beginnt ante Christum natum und ist
post Christum natum präsent im Leben und in der Lehre der Kirche.
Die Theologie steht unter dieser Voraussetzung, mit ihr wird sie
erst "möglich". Nur wenn diese Voraussetzung "anerkannt" wird,
kann man Theologie betreiben, wobei "Anerkennung" hier natürlich
als wissenschaftslogische Bedingung, nicht als subjektgebundene
Glaubenshaltung verstanden werden muß: Mathematik läßt sich ohne
die "Anerkennung" von Axiomen als (gesetzten) Voraussetzungen
eben auch nicht betreiben.

Solche Offenbarung ist darüber hinaus die "Quelle", der Inhalt
theologischen Denkens. Die Theologie nimmt sich dieser Quelle in
vielfältiger Weise an: exegetisch, moral- und fundamentaltheolo-
gisch, kirchengeschichtlich usw. Das geschieht, obwohl von dieser
Offenbarung mit Recht gesagt wird (- das impliziert geradezu der
Begriff der Offenbarung! -), daß sie "endgültig und unüberbietbar"

sei. Sie zeigt sich gerade darin als verbum nullius temporis, daß
sich der Mensch zu jeder Zeit fragend auf sie einlassen kann und
eingelassen hat. Geschieht das im Rekurs auf diese Quelle und in
wissenschaftsmethodischer Reflexion, dann schafft damit die Theologie einen zwar nie endgültigen, wohl aber einsichtigen und über-
zeugenden Zusammenhang spezifischer Erkenntnisse - sie betreibt
Wissenschaft.

Weshalb greife ich auf diese "Ansatz-Frage" zurück?
Ich habe sie wiederholt, weil ein Teil der Diskussion sich in besonders engagierter Weise auf das Konstitutionsproblem der Theologie konzentrierte. Vor dieser wissenschaftstheoretischen Frage
nach den Voraussetzungen und Methoden des eigenen Denkens steht
nicht nur die Theologie. Die Begründung der jeweiligen Fragestellung gehört zum Geschäft jeder Wissenschaft, will sie nicht sich
selbst gegenüber unkritisch sein. Sie liegt - logisch betrachtet -
noch vor jeder Einzelfrage. In einem gewissen Sinne ist sie "vor-
wissenschaftlich", d.h. philosophischer Natur (vgl. ROMBACH 1974,
bes. S. 50 ff.)
Aus diesem Grunde scheint es mir auch hier sinnvoll zu sein, an
die wissenschaftstheoretische Frage anzuschließen und mit ihr zu
beginnen, - nun aber gerade in Absetzung von einer theologisch
verstandenen Athropologie.

I. Wissenschaftsmethodisches

1. Die erste Verbindung zu einer theologisch begründeten Anthropologie wird so lauten müssen:
Die Voraussetzung und die Quelle, auf die sich die Theologie in
der Frage nach dem Menschen berufen muß, kann nicht auch von der
Pädagogik beansprucht werden, genauer: nicht mehr.

Eine Pädagogik, die ihr Verständnis vom Menschen und seiner "Bildung" in Anlehnung an die christliche Offenbarung, ja nur durch
eine mehr oder weniger weitreichende Übertragung theologisch-
anthropologischer Grundaussagen auf pädagogische Probleme entwickelte, ist lange Zeit möglich gewesen, bis in unser Jahrhundert hinein. Ob wir da weit zurückgreifen: etwas auf AUGUSTINUS

(De magistro, 389) oder Thomas von AQUIN (Quaestiones disputatae
de veritate IX: De magistro, 1256-59), auf COMENIUS (Didactica
magna 1632) oder Johann Michael SAILER (Über Erziehung für Erzieher, 1831); oder ob wir Schriften aus unserem Jahrhundert heran-
ziehen, etwa von Joseph GÖTTLER, Franz Xaver EGGERSDORFER, Siegfried BEHN, Linus BOPP, Friedrich SCHNEIDER, Fritz MÄRZ, Hubert
HENZ (vgl. MASSNER 1970): immer handelt es sich um Positionen, in
denen man aus christlicher Offenbarung mit der ihr entsprechenden
'Endgültigkeit und Unüberbietbarkeit' der transzendenten Beziehung
des Menschen gewiß ist und sie, wenngleich in einem differenzier-
ten wissenschaftlichen Spektrum der Pädagogik zugrunde legt. MASS-
NER hat diese Synthese von selbstgeleiteter und offenbarungsbestimm-
ter Erkenntnis in fünf Punkten kritisiert:
- Sie "vernachlässigt die Kontingenz menschlichen Erkennens
  und erstarrt zu einer Ideologie, die blind wird für ihre
  gesellschaftlichen und kulturpolitischen Implikationen".
- Aus der Theologie als nicht normativer Wissenschaft "lassen
  sich Normen für konkrete Entscheidungen nicht unmittelbar
  deduzieren".
- Ein "existentieller Denkansatz in der Theologie entläßt
  die Erziehung in einen Bereich der Unverfügbarkeit, der mit
  pädagogischen Kategorien nicht mehr zur Erkenntnis gebracht
  werden kann".
- Letzten Endes bleiben alle Versuche solcher Synthese für die
  Pädagogik "fremdbestimmt, sofern ihre Prinzipien aus der
  theologischen Wissenschaft übernommen werden. Die Pädagogik
  muß ein eigenes Strukturprinzip explizieren, das sie wissenschaftlich, d.h. rational, einsichtig zu machen hat". (MASSNER,
  287 f.)

Diese Kritik darf man jedoch nicht nur auf die Pädagogik beziehen,
sofern sie sich mit Hilfe der christlichen Offenbarung konstituiert.
Die pädagogische Wissenschaft ist, nicht nur unter religiösen und
pseudoreligiösen, sondern auch unter biologischen und politischen
Vorgaben, immer wieder in die Versuchung geraten, ein "geschlos-
senes" Denk- und Handlungssystem zu entwickeln, das dann die relative Eigenständigkeit unterschiedlicher Fragestellungen überspielt

und korrumpiert. Ein solches kann man sich nur so vorstellen, daß
es "ausgeht von obersten vorpädagogischen Sinn-Normen über das
menschliche Leben oder über die Natur des Menschen, diese Normen
dann auslegt auf Erziehungsziele, daraus alle Inhalte des Unterrichts ableitet, also den Lehrplan gewinnt und schließlich bis zu
Methoden- und Erziehungsformen weiterdifferenziert, so daß eine
in sich geschlossene Deduktionskette entsteht, die aussagt, wie in
Wirklichkeit 'Unterricht' (und Erziehung; Verf.) sein solle"
(BLANKERTZ 1969, 19).

2. Damit ist bereits angedeutet, daß die Frage nach dem Bild des
Menschen von der Pädagogik auch nicht dadurch beantwortet werden
kann, indem sie sich eine bestimmte philosophische Anthropologie
als Vorspann zulegt. Wie immer eine solche Anthropologie auch
"ansetzt": in ihr wird thematisiert, welcher Bedingungsrahmen die
Existenz des Menschen konstituiert, was es also auf sich hat mit
seiner Freiheit und seinem Sinnbezug, mit sozialer Verpflichtung
und sittlicher Verantwortung, mit seinem Leben und seiner Geschichtlichkeit, mit Arbeit, Interaktion, Sexualität und Hoffnung.

In der Pädagogik geht es aber gar nicht um ein "Bild" des Menschen,
sondern um seine Bildung, um die der Menschheit zugleich. In Frage
stehen die Bedingungen eines sowohl individuellen wie sozialen
Prozesses, jene Kategorien des Sollens, unter denen sich Mensch
und menschliche Gemeinschaft konstituieren. Diese ganz anders ge-
artete Frage nach der Gültigkeit des Lebensvollzugs verbietet es
geradezu, Aussagen der philosophischen Anthropologie schon für
pädagogische zu halten.
Am Beispiel: Daß der Mensch ein fragendes und verantwortliches
Wesen sei, sagt noch gar nichts darüber aus, welche Bedingungen
notwendig sind, damit "richtiges" Fragen und begründete Verantwortung zustandekommt; daß "die Reproduktion des Lebens auf anthropologischer Ebene kulturell durch Arbeit und Interaktion bestimmt
ist" (HABERMAS 1968, 77), fordert geradezu die Identifikation der
pädagogischen (und politischen) Perspektiven heraus, unter denen
sie erreicht werden kann.

Auch die Reduktion der Pädagogik auf eine "angewandte Anthropologie" ist also nicht möglich. Pädagogik würde zu einer technologischen Disziplin, in der ihre eigenartigen Fragen nach den Bedingungen eines gültigen Lebensvollzuges amputiert sind.

3. Sehr wohl von diesem zu unterscheiden ist das philosophische Fragen, das sich nicht auf die Philosophie eingrenzen läßt, wenn man dieses Fragen als "radikale Reflexion" (ROMBACH 1971, 3/303) begreift.
Was heißt das?
Das heißt einmal: "Es ist die vorbildlich von SOKRATES geübte Frageform ..., den Boden der scheinbaren Selbstverständlichkeiten zu durchbrechen und deutlich zu machen, daß wir nirgendwo auf einem letzten, alles begründenden Grund stehen und von da aus ... argumentieren und handeln können" (ebd.). Wahrheit und Allgemeingültigkeit sind uns weder gegeben noch entzogen - sie sind uns aufgegeben. Im Befragen "der Selbstberuhigungen und Selbstsicherheiten" werden Erkenntnisse als Gültigkeitswerte erreicht, beherrscht von menschlicher Kontingenz und geschichtlicher Überholbarkeit. "Solche Selbst- und 'Ideologiekritik' ist der fundamentalste Sinn der Wissenschaftstheorie" (ebd.). In besonderer Weise sind auf diese Frageform die Wissenschaften angewiesen, die vor der Frage der Erziehung und Bildung des Menschen stehen. Eine nicht-philosophische, d.h. eine nicht über die Faktizität des Menschen und seine "positiven" Verhältnisse hinausgehende Pädagogik wäre schon der erste Schritt zur Selbstideologisierung: sie würden den Menschen, sei er Lehrer oder Schüler, eingebunden sehen in Fakten und Daten, determiniert von funktionaler Ziel- und Zwecksetzung. Pädagogik kann und muß deshalb nicht Philosophie werden, aber: "Pädagogik muß philosophisch werden - oder der Mensch wird Objekt" (PETZELT 1961, 24).

4. Mit der Emanzipation der Pädagogik von theologischen und metaphysischen Begründungen und Vorgaben ist jene Situation eingetreten, die die Pädagogik der Gegenwart deutlich kennzeichnet: ihre wissenschaftstheoretische Vielfalt. Sie hat eine Fülle von Ansätzen hervorgebracht. Wenn wir uns hier auf drei Denktraditionen,

- die geisteswissenschaftliche Pädagogik,
- die transzendental-kritische Pädagogik,
- die kritische Erziehungswissenschaft

beschränken, dann möchte dabei bedacht werden:
erstens, daß die Konzentration auf "das Bild des Menschen" vieles, oft allzu vieles an besonderen Profilierungen und Akzentuierungen unberücksichtigt lassen muß. Wenn die generelle Intention dieser Vorlesung sich auch hier erfüllen könnte, den einzelnen Positionen gründlicher und vielfältiger nachzugehen, wie es ihnen zukommt, wäre das Ziel dieser Einführung erreicht; zweitens: Wissenschaftliche Diskurse sind keine Glaubenskämpfe. Sie setzen als wichtigstes diese Haltung und Einsicht voraus: "Der andere Ansatz - das ist auch Erziehungswissenschaft. Ihn für unwissenschaftlich zu erklären, stellt nutzloses Unterfangen dar, weil Wissenschaft über keine gesetzgebende Kraft verfügt. Sie kann sich immer nur durch eigene Vernünftigkeit ausweisen" (LASSAHN 1974, 166). Die Andersartigkeit der verschiedenen Ansätze darf nicht unterlaufen, ihre Gegensätzlichkeit nicht durch falsche Harmonisierungsabsichten aufgelöst werden. Wer sich auf differente Fragestellungen in der Pädagogik einläßt, wird sie auf der anderen Seite nicht aus einer Art naiver Supervision bloß darstellen können, es sei denn, er verzichte auf das wesentliche Merkmal wissenschaftlichen Denkens selbst: auf Auseinandersetzung und Kritik. Sie verlangt deshalb durchaus, dem eigenen Denken und Standpunkt seine kritische Präferenz zu belassen.

II. 1. Geisteswissenschaftliche Pädagogik und die Theorie des "pädagogischen Bezuges"

1. In der geisteswissenschaftlichen Pädagogik stellt das Leben die zentrale Kategorie dar. Seine überragende Stellung markiert DILTHEY in dem Urteil, daß es "dasjenige ist, hinter welches nicht zurückgegangen werden kann". Es ist jener Zusammenhang geistig-geschichtlicher Wirklichkeit, der sich von Epoche zu Epoche wandelt, in dem allein auch zugleich die Stellung des Menschen gesucht und gefunden werden kann. "Was der Mensch sei, sagt ihm nur seine Geschichte" (DILTHEY).

2. Auf dem Wege, in seine Existenz als geschichtlich bestimmte
und vermittelte einzudringen, gelangt der Mensch hermeneutisch zum
Sinnverständnis und zur Sinnerklärung individueller wie objektiver
Erlebnisse und Gehalte. Solches Verstehen des jeweils Besonderen,
das immer auch zugleich Allgemeines enthält, bezeichnet DILTHEY
als "Grundverhältnis" des Menschen, das er von seiner Kindheit an
vollzieht.

3. Menschliche Entwicklung und Geschichte vollziehen sich dadurch,
daß der Mensch immer wieder neues Leben, neue Lebenswirklichkeit,
neue Lebenswerte schafft. Das geschieht kraft der teleologischen
Struktur des Seelenlebens. Gemeint ist damit die im Menschen
vorauszusetzende Fähigkeit, "die Vollkommenheit der (Lebens- und
Erlebnis-)Vorgänge und ihrer Verbindungen herzustellen" (DILTHEY).
So trägt das "Leben", die Wirklichkeit des geschaffenen Zusammen-
hangs der geistig-kulturellen Werte, seinen positiven Sinn in sich
selbst.

4. Zwar ist auch die "Erziehungswirklichkeit" Produkt des geschichtlichen Lebens und ihr Teil. Aber sie besitzt doch gegenüber
den anderen Erscheinungen der Kultur eine relative Autonomie. Ihre
besonderen Gesetzlichkeiten heben sich von anderen kulturellen Zusammenhängen z.B. der Religion, der Kunst, der Moral ab. Diese Erziehungswirklichkeit, die Tatsache und "Praxis" also, daß vor aller Reflexion und Theorie bereits immer schon in einer geschicht-
lich-konkreten Lebensordnung der Familie, der Schule, der Werkstatt
erzogen wird, ist der Ausgangspunkt des Denkens. Das erzieherische
Phänomen, das als universales "das gesamte menschliche Leben umfaßt", "gilt es ebensowohl in seiner Tatsächlichkeit und empirischen Zugänglichkeit zu erfassen wie in seinem Wertgefüge und den
Normationen, in denen sich jeder Erziehende entschieden findet
oder sich erneut entscheiden.muß" (FLITNER 1958). Empirie, Herme-
neutik und (in existentieller Besinnung sich vergewissernde) Prag-
matik markieren den Weg pädagogischer Wissenschaft.

5. In ihr spielt der "pädagogische Bezug" (NOHL) eine beherrschen-
de Rolle. Er ist selbst ein Lebensverhältnis: Erzieher und Zög-

ling bilden eine Gemeinschaft, sind sie doch beide eingebunden in
die "kulturelle Gesamtlage" (LITT) einer Epoche. "Die Grundlage
der Erziehung ist also das leidenschaftliche Verhältnis eines
reifen Menschen zu einem werdenden Menschen, und zwar um seiner
selbst willen, daß er zu seinem Leben und zu seiner Form komme.
Dieses erzieherische Verhältnis baut sich auf auf einer instinkti-
ven Grundlage, die in den natürlichen Lebensbezügen der Menschen
und ihrer Geschichtlichkeit verwurzelt ist" (NOHL 1961, 134).

6. Der Erzieher ist nicht nur Anwalt des Kindes. Er ist daneben
Mittler und Vermittler jenes geistig-geschichtlichen Zusammen-
hangs, der sich pädagogisch im "Erziehungsideal" konzentriert.
"Der Erzieher muß das Ideal leibhaftig darstellen in seiner
menschlichen Haltung und in der erzieherischen Begegnung, im
geistigen Verkehr mit der Jugend. Eine Trennung in Privatmensch,
Erzieher und womöglich Gelehrter ist nicht erlaubt, weil in ihr
das Ideal des Menschentums sofort unglaubwürdig wird." (WENIGER
1965, 69). Lehrende Überlieferung muß sich dabei "der Kritik, dem
Zweifel stellen, muß die Freiheit der Aufnahme, die Freiheit der
persönlichen Entscheidung respektieren und ermöglichen" (WENIGER
1960, 20).

7. Daher erschließen sich dem Heranwachsenden allein auf dem Wege
der "Begegnung" und "Überlieferung" (als den "Grundvoraussetzungen
der Methode", wie sie WENIGER nennt) die Bildungsinhalte und Bildungsgehalte. Sie sind der Sach- und Wertgehalt der Bildung, da
sie "Ordnungen bzw. Ordnungsmöglichkeiten, Verantwortungen, unaus-
weichliche Lebensnotwendigkeiten und freie Lebensmöglichkeiten re-
präsentieren, und das heißt zugleich: den jungen Menschen für Ordnungen ... erschließen" (KLAFKI 1962, 13). Im exemplarischen Charakter der Bildungsinhalte zeigen sich Bildungsgehalte, die das
Erschließen der Kultur und das Erschlossensein des jungen Menschen
für seine Kultur "bewirken" (KLAFKI ebenda).

Würdigung und Fragen
Für das Verständnis des Menschen ist es zweifelsfrei ein hohes
Verdienst geisteswissenschaftlichen Denkens, daß er seine Bildung

nicht in einem 'Kasernenbau' erhalten kann, der abschließend und
endgültig die (materialen) Normen des Denkens und Wollens enthält.
Vom Menschen für den Menschen gestaltete Kultur ist eine grundsätzlich geschichtliche d.h. überholbare Größe. Sie wird an den
Menschen dementsprechend als bedingt geltende Wertwelt zu über-
liefern sein, um ihm Zweck und Sinn des Lebens durch geschaffene
intellektuelle und moralische Ordnungen zu erschließen. Das kann
sich nicht mit dem Anspruch verbinden, den Prozeß der Bildung zu
beherrschen, menschliche Freiheit und Spontaneität abzuschneiden
und Erziehung bis ins Letzte zu verplanen.

Trotz solchen Verdienstes bleiben Fragen:

- Ist das "Leben" in seiner konkreten Ursprünglichkeit zugleich
  als logisch Letztes und Unbedingtes tauglich (vgl. FISCHER 1966)?
- Ist sein Zusammenhang wirklich in sich sinnvoll, eine "heile
  Welt", die als Bildungsgehalt die Menschwerdung des Menschen
  verbürgt?
- Lassen die normativen Ordnungen, wenn sie nur hermeneutisch gefunden werden können, neue Produktionen von Sinn und Zweck, also
  nicht nur begrenzte, sondern über Faktisches hinausgehend Aktivität und Spontaneität zu?
- Ist der pädagogische Bezug auf das Verhältnis von Erwachsenen
  zum Kind eingrenzbar? Ist dem Kind gegenüber dem Erwachsenen
  nicht ebenso moralische und intellektuelle Überlegenheit möglich? Entscheidet über die Gültigkeit dieses Bezuges nicht allein
  das vorbildlichere Verhalten und das begründetere Argument?
- Begibt man sich mit dem form-bewirkenden Charakter der Bildungsgehalte nicht in die Nähe einer funktional gedachten Erziehung?

2. Transzendentalkritische Pädagogik und die Theorie des Lehrer-Schüler-Verhältnisses

1. Auch die transzendentalkritische Pädagogik setzt bei der Wirklichkeit des Menschen und seiner Bildung an. Diese Wirklichkeit
wird ja von jedem Menschen zunächst erfahren, etwa in der Tatsache, daß er um sich weiß, daß er nach sich selbst fragt, daß er
auf sein Nichtwissen und auf sein Versagen stößt.
Aber die Fragestellung dieser Pädagogik hebt hier nur an; sie über-

schreitet diese Erfahrungen mit Hilfe einer so radikalen Fragestellung, daß in ihr auch die schon gemachten (wie auch die zukünftigen) Erfahrungen "eingeholt" werden: Steht und fällt die Bildung
des Menschen nicht mit bestimmten Voraussetzungen, die einerseits
denknotwendig sind, andererseits Maßgaben und Maßstäbe für den
Bildungsprozeß darstellen? Eine solche Philosophie der Bildung
wird zur wissenschaftlichen Pädagogik, indem sie den Zusammenhang
von Bedingungen zu analysieren versucht, ohne den von Erziehung
und Unterricht vernünftigerweise nicht geredet werden kann. Ein
solches System von Bedingungen, das in seiner Bestimmbarkeit immer
wieder wissenschaftlicher Reflexion aufgegeben ist, stellt auf
seiner Kehrseite eine Theorie des Sollens dar, d.h. einen vor dem
Anspruch kritischer Vernunft gerechtfertigten Zusammenhang von
Maßstäben für pädagogische Praxis (vgl. HEITGER 1965).

2. Begründend für das Verständnis des Menschen und seine Lebensführung kann deshalb nicht das Empirische sein, das dem Menschen
an konkreten geschichtlichen und gegenwärtigen Indikativen begegnet. Ist es nur sinnvoll und vernünftig, von menschlicher Bildung
im kritischen Verständnis zu sprechen, dann setzt das voraus, daß
auch der Mensch selbst mehr ist als bloßes Faktum, als historisch
und gesellschaftlich vermitteltes Subjekt. Das, was ihn unterscheidet, ist die Möglichkeit des Unterscheidens und die Notwendigkeit des Sich-Entscheidens: er selber ist transzendentale Bedingung aller Tatsachen, aller Erkenntnisse und Werte, aller Normen und Handlungen. Subjektivität und Subjektsein, transzendenta-
les und empirisches Sein konstituieren als aufgabenhafte Relation
seine Lebensführung, seine Bildung (vgl. PETZELT 1961/63).

3. Deshalb ist der Mensch Lehrer und Schüler zugleich. Das gilt
ohne Ansehen faktischer Differenzen zwischen den Menschen und bedeutet, daß von keinem Menschen zu irgendeinem Zeitpunkt seines
Lebens die Notwendigkeit weicht, selbst nach dem Wahren und dem
Guten fragen und sich selbst im Verhalten verantwortlich entscheiden zu lernen. Aller Unterricht ist im Sinne dieses grundlegenden
und deshalb "gesollten" Lehrer-Schüler-Verhältnisses Selbst-Unter-
richt, alle Erziehung unter dieser Maßgabe Selbst-Erziehung.

Der andere, sei er erwachsen oder nicht, teilt mit ihm diese transzendentale Bestimmung des Menschseins. Lehrer- und Erziehersein
bedeutet in interpersonaler Kommunikation "Hebammendienst" (PLATO),
Schülersein selbsttätiges Argumentieren-, Werten- und Entscheiden-
lernen. Beide, Lehrer und Schüler, sind verbunden durch die Vernunft und an sie gebunden. Diese einheitsstiftende und transzendentale Voraussetzung gestattet es, daß sich Lehrer und Schüler
bei aller realen Unterschiedlichkeit in ihrem Wissen und Können
immer wieder auf den gemeinsamen Weg des Fragens und Suchens be-
geben. Lehrer- oder Schülersein hängt deshalb nicht am Alter, am
Geschlecht, am Stand oder am Amt. Im pädagogischen Prozeß zählt
jeweils das vernünftigere Argument, die überzeugendere Haltung als
Vorbild, Liebe, Takt, Hingabe (vgl. PETZELT 1964; IPFLING 1976).
So ist man füreinander für das richtige Fragen und gültige Verhalten verantwortlich. Individual- und Sozialpädagogik sind keine
getrennten Bereiche, sondern nur Aspekte eines Prozesses.

4. Aus diesem Prozeß fällt nichts heraus, weder die eigene Sozialisation als Aufgabe der Reflexion noch die Zukunft als Anlaß zu
eigener Stellungnahme, weder Freude noch Angst noch Schuld. Alles
ist im Grundsatz aufgegeben, weil alles mit der einen Aufgabe zu-
sammenhängt, Vernunft zur Geltung kommen zu lassen, d.h. das Men-
schentum im Menschen zu entfalten.

5. Das geschieht unter den Realbedingungen der Geschichte, der
Kultur, der Familie, der Schule. Innerhalb dieser Bedingungen ist
auch das empirische Ich der notwendige Anfangs- und Ansatzpunkt
des Dialogs. Jedoch geht es bei allem Lernen von Sachen, Werten
und Normen nicht um einen Nachvollzug und um kulturelle Aneignung
allein, auch nicht um die Durchsetzung von Herrschaftsansprüchen,
weil das allemal Setzungen von Eltern, Lehrern, Politikern und
Priestern sind. Es geht um die Bildung als Regulativ selbst zu
schaffender und zu verantwortender Mündigkeit bei jedem einzelnen
und die Sorge um ihre Realisierung beim anderen in der Gegensei-
tigkeit des Dialogs (vgl. FISCHER 1972).

Würdigung und Fragen

Transzendental-kritische Pädagogik sagt nie konkret oder material, was hic et nunc vom Lehrer oder vom Schüler zu tun sei, wie zu denken und welche Werte und Normen zu befolgen seien. Sie versteht sich vom Ansatz her als nicht-normierende Wissenschaft. Sie exponiert vielmehr jene Bedingungen der Führung, die dem Urteil der Vernunft als Grundsätze des Lehrens und Lernens erscheinen. Sie nimmt darüber hinaus diese Urteile als Maßstäbe für pädagogische Praxis, damit Ist und Sollen aufeinander beziehbar und meßbar werden, bei uns wie bei anderen, für die wir durch den Logos des Menschen, d.h. seine Vernunft, verantwortlich sind, weil wir sie mit ihm teilen und sie zugleich unteilbar "besitzen".

Auch hier stellen sich Fragen:
- Wie gelingt es denn dem Lehrer, über konkrete Normen zu entscheiden, also über Aufgaben, Ziele, Methoden in Unterricht und Erziehung, wie sie ihm heute geboten erscheinen?
- Was hat diese Pädagogik über die Analyse dessen, was notwendig ist, an konkreten Imperativen anzubieten, um die gegenwärtigen Ansprüche und Widersprüche, die Konflikte und Auswegslosigkeiten, die institutionellen Begrenzungen und Belastungen zu bewältigen?

3. Kritische Erziehungswissenschaft und die Bildung der Menschheit

1. Während in den voraufgegangenen Erörterungen die pädagogische Theorie ihren zentralen Bezugspunkt im einzelnen Menschen und erst über ihn in menschlicher Gemeinschaft und ihrer Kultur fand, konzentriert sich das fragende und forschende Interesse kritischer Erziehungswissenschaft auf die Menschheit als Gattung und auf ihre Geschichte als ihren Bildungsprozeß. So kann HABERMAS das Erkenntnisinteresse kritisch orientierter Wissenschaft als "emanzipatorisches" bezeichnen (vgl. HABERMAS 1968). Dieses Erkenntnisinteresse ist kein partikuläres, sondern ein grundlegend-umfassendes. Es ist ein "anthropologisches Datum" (LASSAHN 1974, 128), identisch mit jenen "Grundorientierungen, die an bestimmte fundamentale Bedingungen der möglichen Reproduktion und Selbstorientierung der Menschengattung, nämlich an Arbeit und Interaktion, haften"

(HABERMAS 1968, 248). Diese Bedingungen sind es, die nicht nur den einzelnen, sondern die Menschheit erhalten und zu sich selbst kommen lassen. Sie sind Prinzipien eines kollektiven Bildungsprozesses und bestimmende Momente des Geschichtsprozesses der Menschheit zugleich.

2. Diese produktiven Kräfte der Menschengattung, mit denen sie sich selbst und die Natur zu beherrschen in der Lage wäre, erwiesen sich im historischen Prozeß keineswegs als Mittel der Befreiung; sie haben den Menschen, vor allem durch den Zuwachs an technisch-wissenschaftlichem Potential, in erneute Abhängigkeit gebracht und den emanzipatorischen Prozeß gestört. Während MARX dieses Ergebnis auf die bürgerlichen Produktions- und Herrschaftsverhältnisse zurückführt, aus denen er Klassenkampf, Klassenerziehung und Wissenschaft als Instrument des Klassenkampfes ableitet, erklärt die kritische Erziehungswissenschaft die Entfremdung und Verdinglichung des Menschen anders. Vor allem bei HABERMAS finden wir eine Übertragung psychoanalytischer Gedanken FREUDS auf die Gesellschaft. Sie konvergieren darin, daß sich die Institutionen der Gesellschaft, mit deren Hilfe sie sich selbst befriedigt und reguliert, zugleich als Zwänge für den Menschen erweisen, die ihn in seiner Arbeit von sich entfremden und ihn in seiner Kommunikation desorientieren. Verfestigt sich in ihnen so Herrschaft des Menschen über Menschen, dann werden sie zu "pathologischen Formen" der Gesellschaft, die den Fortschritt des einzelnen wie seiner Gattung vereiteln.

3. Die drängende Frage, wie die Menschen aus ihrer Verdinglichung und Entfremdung durch die Institutionen zu befreien sind, damit ihre Geschichte als Bildungsprozeß wiederhergestellt wird, verweist das Denken auf die Erkenntnis menschlicher Interessen und auf ihre Realisierung zugleich. Aber dieses Denken ist kein distanziertes und sich von der Realität gesellschaftlicher Verhältnisse distanzierendes; es ist ein vom Leiden der Menschen angerührtes und sich für die Veränderung gesellschaftlicher Verhältnisse engagierendes Denken. Kritik als Erkenntnis und Wille koinzidieren hier.

4. In der Emanzipation als umfassend-aufklärendem und -verhaltens-
bestimmendem Anspruch liegt daher das erzieherische und unterricht-
liche Grundprinzip der Bildung. Die traditionelle Vorstellung, der
Bildungsprozeß habe dem Menschen zu dienen, damit er seine gegenwärtig bestehenden Verhältnisse und sich in ihnen ordnen lerne,
wird entschieden erweitert auf die "Befähigung zu eigener Entscheidung und produktiver Veränderung der jeweiligen gesellschaftlichen
Realität" (KASPER 1974). So "bezeichnet der Emanzipationsbegriff
eine konkrete pädagogische Perspektive, die neben der gesellschafts-
politischen Zielangabe zugleich den Weg angibt, wie dieses Ziel erreicht werden kann" (KUNERT 1975).

5. Das setzt über die interessengeleitete Analyse der gesellschaftlichen Verhältnisse eine Vorstellung dieses "Zieles" als antizi-
piertem Entwurf, als Hoffnung, als Utopie voraus. Wie immer dieses
Ziel gedacht wird: es wird dadurch erreichbar, daß immer wieder
das geschichtlich Erreichte und Gelungene unter antizipierten Vorgaben getestet, verändert, ja auf's Spiel gesetzt wird.

Zusammenfassung und Fragen

Die Menschheit ist durch den "Zwischenfall" (ROHRMOSER) ihrer eigenen Geschichte zum Objekt der von ihr selbst veranstalteten Herrschaft geworden, beherrscht von der beherrschten Natur: von Institutionen, Apparaten und technologischer Wissenschaft. Nur der
kollektive Aufbruch von pathologisch empfundenen und erkannten zu
heilen Formen der Gesellschaft führt am Ende die Menschheit in den
Zustand ontischer Freiheit und Gleichheit.

Aus der Fülle der Fragen wollen wir abschließend diese formulieren:
- Führt bei aller Verschränkung des einzelnen und seiner Sozialisation mit der seiner Gattung der pädagogische Weg zu gemeinsamen
  Fortschritten nicht über den einzelnen Menschen? Könnte nicht
  eintreten, daß emanzipatorisches Interesse und in ihm entsprechende Lernprozesse diesen Blick für die Befreiung des einzelnen
  übersehen oder ihn auf seine "gesellschaftlichen" Bezüge eingrenzen?
- Wenn Institutionen - um im Bild zu sprechen - der Schatten des

Menschen sind, d.h. seiner Selbstbefriedigung und Selbstregulierung dienen, ist dann ihre "Überwindung", die Aufhebung aller
Herrschaft, aller Anpassung und allen Zwanges je möglich - pädagogisch geredet: Ist die Befähigung zu (freilich kritischem)
Dienst zur Eingliederung, zur Entwicklung und Kultivierung des
unstabilen Ich und seiner Fähigkeiten nicht gerade auf dem Wege
über die Institutionen notwendig?
- Wer kann am Ende im Denken erweisen, daß Geschichte einmal auf-
hört? Wie anders ist dieses Ende der Menschheit zu antizipieren
als durch Hoffnung und Glaube?

Literaturnachweis

Blankertz 1969
Herwig Blankertz, Theorien und Modelle der Didaktik. München 1969

Exeler/Scherer 1971
Adolf Exeler/Georg Scherer, Glaubensinformation. Freiburg 1971.

Fischer 1966
Wolfgang Fischer, Kritik der lebensphilosophischen Ansätze der
        Pädagogik. In: Neue Folge der Ergänzungshefte zur
        Vierteljahrsschrift für wissenschaftliche Pädagogik,
        Heft 4. Bochum 1966, S. 21 ff.

Fischer 1972
Wolfgang Fischer, Schule und kritische Pädagogik. Heidelberg 1972

Flitner 1958
Wilhelm Flitner, Das Selbstverständnis der Erziehungswissenschaft
        in der Gegenwart. Heidelberg 1958

Habermas 1968
Jürgen Habermas, Erkenntnis und Interesse. Frankfurt 1968

Heitger 1965
Marian Heitger, Über den Begriff der Normativität in der Pädagogik.
        In: Heitger/Ipfling (Hg), Pädagogische Grundprobleme in
        transzendental-kritischer Sicht. Bad Heilbrunn 1969

Ipfling 1976

Heinz-Jürgen Ipfling (Hg), Die emotionale Dimension in Unterricht
und Erziehung. München 3/1976

Kasper 1974

Helmut Kasper, Emanzipation als allgemeinstes Erziehungsziel.
In: Forum E, Heft 1, Bochum 1974, S. 9 ff.

Klafki 1962

Wolfgang Klafki, Didaktische Analyse als Kern der Unterrichtsvor-
bereitung. In: Roth/Blumenthal (Hg), Didaktische Analyse, Hannover 1962

Kunert 1976

Hubertus Kunert, Emanzipation. In: H.-J. Ipfling (Hg), Grundbegriffe der pädagogischen Fachsprache. München 2/1975

Lassahn 1974

Rudolf Lassahn, Einführung in die Pädagogik. Heidelberg 1974

Massner 1970

Norbert Massner, Normative Pädagogik im Umbruch. München 1970

Nohl 1961

Hermann Nohl, Die pädagogische Bewegung in Deutschland und ihre
Theorie, Frankfurt 5/1961

Petzelt 1961

Alfred Petzelt/Wolfgang Fischer/Marian Heitger, Einführung in die
pädagogische Fragestellung, Teil I, Freiburg 1961

Petzelt 1963

Alfred Petzelt u.a., Einführung in die pädagogische Fragestellung.
Teil II, Freiburg 1963

Petzelt 1964

Alfred Petzelt, Grundzüge systematischer Pädagogik. Freiburg 3/1964

Rohrmoser 1970

K. Rohrmoser, Das Elend der kritischen Theorie. Freiburg 1970

Rombach 1971

Heinrich Rombach (Hg), Lexikon der Pädagogik. Freiburg 1971

Rombach 1974

Heinrich Rombach (Hg), Wissenschaftstheorie 1. Freiburg 1974

Weniger 1965

Erich Weniger, Didaktik als Bildungslehre. Teil 1: Theorie der
     Bildungsinhalte und des Lehrplans. Weinheim 1952

Weniger 1960

Erich Weniger, Didaktik als Bildungslehre. Teil 2: Didaktische
     Voraussetzungen der Methode in der Schule. Weinheim 1960

Hans-Friedrich   B a r t i g

Zur Anthropologie des Aristoteles

I.

Der Name des ARISTOTELES steht so groß und bedeutend an den An-
fängen der abendländischen Wissenschaft, daß die Beschäftigung mit
ihm keiner eigenen Rechtfertigung bedarf; zitiert doch ARISTOTELES
selbst die Verse des HESIOD: "Der vor allem ist gut, der selber
alles bedenket./ Edel nenn ich auch jenen, der gutem Zuspruch ge-
horsam./ Aber wer selber nicht denkt und auch dem Wissen des an-
dern/ taub sein Herz verschließt, der Mann ist nichtig und unnütz."
(EN I,4)
Wenn wir auch keineswegs darauf verzichten wollen, "selber zu
denken", so dürfen wir es doch als eine edle Tätigkeit verstehen,
dem Zuspruch des ARISTOTELES zuzuhören.
Darüber hinaus mögen jedoch drei Bemerkungen vorangestellt werden,
die unser besonderes Interesse an ARISTOTELES näher bestimmen können.
Erstens sei auf die große Bedeutung hingewiesen, die ARISTOTELES
für die Theologie, besonders für die katholische Theologie gehabt
hat. Zwar ist die Geschichte der christlichen ARISTOTELES-Rezep-
tion nicht zum kleinsten Teil eine Geschichte von Fehlinterpreta-
tionen und Mißverständnissen. Auch versucht die Theologie sich
gerade heute aus dieser Tradition zu lösen. Dennoch dürfte ein
Dialog zwischen Theologie und Philosophie ohne ein gemeinsames
ARISTOTELES-Studium nur schwer zu führen sein.
Zweitens zeigt ein Blick auf gegenwärtige wissenschaftstheoretische Bemühungen einerseits in den Naturwissenschaften, daß der
Rückgriff auf aristotelische Fragestellungen nicht nur eine Sache
der Pietät sondern vielmehr eine sich aus Sachzusammenhängen erge-
bende Notwendigkeit ist. (Vgl. WIELAND 1 u. 2; RANDALL). Andererseits macht Lorenzo MINIO-PALUELLO darauf aufmerksam, daß wir
überhaupt in unserer wissenschaftlichen Sprache in vielfacher
Weise von ARISTOTELES abhängen. In einem Aufsatz über "Die aristotelische Tradition in der Geistesgeschichte" führt er aus: "'Form',
'Materie', 'Substanz', 'Akzidenz', 'Qualität', 'Quantität',
'aktiv', 'passiv', 'Energie', 'Akt', 'Kraft', 'Kategorie', 'allgemein', 'unbestimmt': wir benutzen in unserer Sprache sehr oft
diese Wörter und wie viele andere Wörter mehr; eine aristotelische
Sprache; fast immer ohne uns dessen bewußt zu sein, ohne den Wör-

tern mehr als einen Abglanz der mehr oder weniger bestimmten Bedeutung beizumessen, die sie in der Sprache des ARISTOTELES be-
saßen und mit der ARISTOTELES selber sie belegt hatte." (MINIO-
PALUELLO, 334 f.)
In der Klärung aristotelischer Begriffe vermag uns also unser
eigenes Denken und Sprechen klarer zu werden.
Drittens kann gerade die Frage nach den anthropologischen Implikationen der aristotelischen Philosophie Auskunft über den Zusammenhang dreier Aspekte geben, die in vielen heutzutage vorgetra-
genen Theorien zur Anthropologie nicht selten einseitig überbetont oder gar verabsolutiert werden. Diese drei Aspekte der Anthropologie sollen mit den Begriffen "natural", "sozial" und "in-
dividual" gekennzeichnet werden.
Der vorliegende Aufsatz "Zur Anthropologie des Aristoteles" soll
also durchaus einen kleinen Beitrag zu dem theoretischen anthropologischen Bemühen unserer Tage leisten; dabei wird es unvermeidbar
sein, einige aristotelische Begriffe zu klären und für unser Denken fruchtbar zu machen; nicht zuletzt wird damit möglicherweise
ein Ausgangspunkt für ein gemeinsames Gespräch der Philosophie mit
anderen Wissenschaften, insbesonders mit der Theologie gewonnen
werden.
Wenn wir also ARISTOTELES befragen wollen, in welcher Weise der
naturale, der soziale und der individuale Aspekt der Anthropologie
in seinem Werk zum Ausdruck kommt, dann soll das mit der gebotenen
Behutsamkeit geschehen. Wir wollen uns dabei um dieselbe Behutsamkeit mühen, in der ARISTOTELES in schöner Weise seine methodologischen Vorüberlegungen zur Nikomachischen Ethik formuliert, wenn
er schreibt: "Die Darlegung wird dann befriedigen, wenn sie jenen
Klarheitsgrad beansprucht, den der gegebene Stoff gestattet. Der
Exaktheitsanspruch darf nämlich nicht bei allen wissenschaftlichen
Problemen in gleicher Weise erhoben werden (...; H.B.). So muß
auch der Hörer die Einzelheiten der Darstellung entgegennehmen:
der logisch geschulte Hörer wird nur insoweit Genauigkeit auf dem
einzelnen Gebiet verlangen, als es die Natur des Gegenstandes zu-
läßt. Es ist nämlich genauso ungereimt, vom Mathematiker Wahr-
scheinlichkeiten entgegenzunehmen, wie vom Rhetor denknotwenige
Beweise zu fordern". (EN, I,3).

II.

Beginnen wir unsere Untersuchungen zur aristotelischen Anthropologie an einer Stelle, die uns am ehesten befremden und vielleicht
gar dazu verleiten könnte, die Beschäftigung mit ARISTOTELES abzu-
brechen, bevor sie recht begonnen hat.
Im 16. Kapitel des 7. Buchs der Politik erörtert ARISTOTELES die
Sorge, die der Staat für die Zeugung gut veranlagter Kinder tragen
muß. Er schreibt: "Wenn nun aber der Gesetzgeber von Anfang an
darauf sehen muß, daß die Körper der zu Erziehenden möglichst
tüchtig werden, so wird er zunächst seine Sorgfalt auf die Ehen zu
richten und zu bestimmen haben, wann und von was für Leuten Ehen
geschlossen werden sollen."
Von den bei ARISTOTELES folgenden Bestimmungen sollen hier nur
diejenigen genannt werden, die dem "naturalen" Aspekt Rechnung
tragen: "Da nämlich die äußerste Grenze der Zeugungsfähigkeit bei
Männern in der Regel das siebzigste und bei den Frauen das fünfzig-
ste Jahr zu sein pflegt, muß auch der Anfang ihrer ehelichen Verbindung in einem beiderseitigen Alter stattfinden, das denselben
Zeitabstand einhält. (...; H.B.)
Nun hat aber eine Ehe unter allzu jungen Leuten schädliche Folgen
für die Kindererzeugung. Denn bei allen Lebewesen pflegen die
Sprößlinge allzujunger Eltern unvollkommen entwickelt zu sein
(...; H.B.). Und hiernach ist es nun angemessen, die Weiber mit
achtzehn und die Männer etwa mit siebenunddreißig Jahren zu ver-
heiraten. (...; H.B.). Was aber die Jahreszeit anbelangt, so halte
man es damit so, wie es die meisten mit Recht auch schon heutzutage machen, indem sie an der Bestimmung festhalten, diese Verbindung im Winter abzuschließen. Im übrigen aber müssen notwendig
auch die Gatten selbst in bezug auf die Kinderzeugung die Aussprü-
che der Ärzte und der Naturkundigen beachten, denn die Ärzte geben über die günstigen Zustände der Körper hinreichend Auskunft
und die Naturkundigen über die günstigen Winde, und zwar empfehlen
sie die Nordwinde mehr als die Südwinde."
Ist nicht - so möchte man fragen - dieses Zitat ein schlagender
Beweis dafür, daß die Beschäftigung mit ARISTOTELES völlig unzeit-
gemäß ist, daß die Entwicklung der zivilisierten Menschheit längst
über die primitiven Einsichten und Erfahrungen eines ARISTOTELES

hinweggeschritten ist?

Indessen haben wir wenig Grund, uns über die Einsichten des
ARISTOTELES erhaben zu dünken. Die vierzehnjährigen Mädchen, die
sich heute mit empfängnisverhütenden Hormonpräparaten versorgen,
haben dabei kaum die körperliche Tüchtigkeit ihrer späteren Kinder
im Sinn; unsere olympischen Spiele, die die Athleten als über-
trainierte und anabolikageschädigte Krüppel entlassen, werden den
Vergleich mit den antiken Spielen scheuen müssen; unsere ver-
schmutzten Städte sind einer gesunden körperlichen Konstitution
kaum förderlich; und übrigens: was drücken wir eigentlich aus,
wenn wir mit "Wetterfühligkeit" oder "vegetativer Überempfindlich-
keit" mangelnde Leistungsfähigkeit (oder schlechtes Benehmen) zu
entschuldigen suchen, als unsere Abhängigkeit von guten oder
schlechten Winden?

Bei genauerem Studium scheint es, als habe ARISTOTELES insgesamt
präzisere Vorstellungen über den naturalen Aspekt der Anthropologie als wir. Alle seine Überlegungen, Vorschläge und Bestimmungen
gehen nämlich von der einen Erkenntnis aus, daß zum Menschen ein
langes Leben in guter Gesundheit gehört, ausreichend versehen mit
den notwendigen Gütern dieser Welt und erfüllt von der richtigen
Art des Tätigseins. Ein langes gesundes Leben - das ist das Ziel,
das "Telos", das der naturale Aspekt bei ARISTOTELES entfaltet.
Wenn ARISTOTELES vom Glück des Menschen spricht, so unterläßt er
selten die Bemerkung: "Beizufügen ist noch - in einem vollen Menschenleben. Denn eine Schwalbe macht allein noch keinen Frühling
und auch nicht ein Tag. So macht auch nicht ein Tag oder eine
kleine Zeitspanne den Menschen glücklich oder selig." (EN, I,6).
Im Vorgriff auf eine später folgende Darlegung ist hier schon von
"Telos", von Ziel und Zielgerichtetheit, gesprochen worden. Ein
langes und gesundes Leben ist das Telos der Natur im Menschen. Um
im Vollsinn Mensch zu sein, muß man die Möglichkeit haben, alle
seine Fähigkeiten zu entwickeln und auszuüben; die Natur schafft
die Möglichkeit dazu. Allerdings muß der Mensch sich über diese
Natur klar werden. Er muß den Gesetzen der Natur folgen und seine
Bestimmungen und Selbstbestimmungen gemäß der Natur, "secundum
naturam" treffen.

Wenn ARISTOTELES eine Aussage über den naturalen Aspekt der Anthro-

pologie macht, so leitet er häufig mit der Bemerkung ein: Bei
allen Lebewesen nämlich verhält es sich so oder so ...
Freilich ist unsere Kenntnis der Natur und ihrer Gesetze eine
andere als die des ARISTOTELES. Unser Wissen ist komplexer und
differenzierter; es spaltet sich und splittert sich weithin auf in
einem Spezialistenwissen. Aber die Aufgabe, den naturalen Aspekt
in einer Anthropologie herauszuarbeiten, wird dadurch nur desto
dringlicher. So ist es nicht allzu verwunderlich, wenn nach idealistischen, sozialistischen, personalistischen und existentialisti-
schen Theorien zur Anthropologie, in denen der naturale Aspekt
nicht selten gänzlich in Vergessenheit geraten war, nunmehr ein be-
achtlicher Teil anthropologischer Forschung sich sehr eng an die
Ergebnisse der Verhaltensforschung bei Tieren anlehnte. Ein Ansatz,
der wohl die Billigung des ARISTOTELES finden kann, wenn nicht
durch einseitige Überbetonung des naturalen Aspekts wiederum ein
neuer Fehler der anthropologischen Theorie entsteht.

III.

Wir haben unsere Darlegung über die Bedeutung des naturalen
Aspekts in der aristotelischen Anthropologie eingeengt auf die
Rolle die "ein langes und gesundes Leben" im Denken des Stagiriten
spielt und dabei dort angesetzt, wo die Sorge um Gesundheit erst-
mals für das menschliche Leben wichtig wird, nämlich bei seiner
Erzeugung.
Ist der Mensch geboren, so trägt er zu vielem die Möglichkeit in
sich und zu anderem nicht. Damit aus der Möglichkeit Wirklichkeit
werde, bedarf es der Bestätigung. Denn: "Was von Natur aus in uns
anwesend ist, davon bringen wir zunächst nur die Anlage mit und
lassen dies dann erst später aktiv in Erscheinung treten." (EN,
II, 1). Wenn wir aber tätig werden, so handeln wir zunächst nicht
für uns allein, sondern innerhalb unserer Beziehungen zu anderen
Menschen. So sagt ARISTOTELES: "Denn durch das Verhalten in den
Alltagsbeziehungen zu den Mitmenschen werden die einen gerecht,
die anderen ungerecht. Und durch unser Verhalten in gefährlicher
Lage, Gewöhnung an Angst oder Zuversicht, werden wir entweder

tapfer oder feige. (...;H.B.) Ob wir also gleich von Jugend auf in
dieser oder jener Richtung uns formen - darauf kommt nicht wenig
an, sondern sehr viel - ja alles." (EN, I,1).
Der Student der Erziehungswissenschaften wird hier unschwer den
sozialen Aspekt der Anthropologie wiederfinden, der ihm beim Studium der pädagogischen und einschlägigen psychologischen Literatur
ständig thematisch entgegentritt.
Der Mensch hat Naturanlagen, die in den Beziehungen zur Umwelt
sich entfalten oder verkümmern. Wenn PLATON nicht ohne Ironie von
der "Gigantenschlacht um das Sein" spricht, die von den Philosophen
ausgetragen wird, so mag man heute den Eindruck haben, daß die
Schlacht um das Verhältnis von Anlage und Umwelt in den Erziehungswissenschaften kein Ende nimmt.
Für ARISTOTELES jedoch kommt es auf die genaue Bestimmung einer
Relation zwischen Anlage und Umwelt nicht an. Für ihn ist unstrit-
tig, daß der Mensch im sozialen Kern seine Form gewinnt und daß
der Einfluß der Mitbürger auf die künftige Gestalt des zu erziehenden jungen Menschen außerordentlich groß ist. Für ARISTOTELES ist
etwas anderes von ausschlaggebender Bedeutung. Hier ist eine Lücke
auszufüllen, die in dem o.g. Zitat aus dem hoffentlich verzeihli-
chen Grund der rhetorischen Wirkung offengelassen wurde. Weil nämlich unsere Anlagen durch den jeweiligen Erziehungseinfluß so oder
so geprägt werden können, sagt ARISTOTELES, "müssen wir unseren
Handlungen einen bestimmten Wertcharakter erteilen, denn je nachdem sie sich gestalten, ergibt sich die entsprechende Grundhaltung.
Ob wir also gleich von Jugend auf in dieser oder jener Richtung
uns formen - darauf kommt nicht wenig an, sondern viel, ja alles."
(a.a.O.).
Wenn Gesundheit und ein langes Leben zentrales Thema der Anthropologie unter dem naturalen Aspekt sind, so macht das zentrale Thema
unter dem sozialen Aspekt die Frage nach dem Wert aus. Wert, Norm,
Maßstab müssen sich aus den Beziehungen der Menschen untereinander
entfalten und müssen andererseits wiederum diese Beziehungen formen. Die "Charaktertugenden", die gefestigten Grundhaltungen, bestimmen und gestalten das Zusammenleben der Menschen. Das anthropologische Ziel, von dem diese Maßstäbe sich herleiten, ist - wie
noch einmal in Erinnerung gerufen werden soll - ein langes gesun-

des Lebens, versehen mit den notwendigen Gütern dieser Welt und er-
füllt von der richtigen Art des Tätigseins.
Unter den Naturanlagen, die jedem Menschen als Möglichkeit mitge-
geben sind, müssen vor allem zwei genannt werden, (die wir der Ab-
sicht dieses Aufsatzes folgend aus zwei recht unterschiedlichen
Werken thematisch zusammenziehen): Das Streben nach Wissen und das
Streben nach Lust.
"Alle Menschen streben von Natur aus zu wissen", beginnt das erste
Buch der Metaphysik; und in der Nikomachischen Ethik heißt es: "Die
Lust ist von frühester Kindheit an (d.h. von Natur aus; H.B.) mit
uns aufgewachsen, wie eine Farbe so tief ist die Empfänglichkeit
dafür in das Gewebe unseres Lebens eingedrungen". (EN, II,2).
Streben nach Wissen und Streben nach Lust ist aber zunächst nur
der Möglichkeit in uns angelegt. Erst durch das Tätigsein wird
beides zur Wirklichkeit. Damit dieses Tätigsein von Kindheit an
richtig geleitet wird, muß die Wertfrage beantwortet werden,
welche Erkenntnis zu dem richtigen Wissen und welche Tätigkeit
zu der rechten Lust führt. Diese Frage und ihre jeweilige Beantwortung macht den Kern des Sozialaspekts von Anthropologie aus.
Die Beziehungen des Menschen zu seinen Mitmenschen sind aber von
zweierlei Art. Er ist zunächst eingebettet in Familie und Freundes-
kreis: hier findet Erziehung unmittelbar statt, und die hier zu be-
antwortenden Wertfragen müssen in der "Ethik" beantwortet werden.
Darüber hinaus lebt der Mensch in der großen Gemeinschaft der Stadt,
des Staates: hier wird das Verhalten der Menschen untereinander
eingrenzend durch Gesetze bestimmt, und die hier zu lösende Wert-
problematik muß in der "Politik" diskutiert und definiert werden.
Zu den naturalen Bedingungen treten also soziale Bedingungen hin-
zu. Aber daß der junge Mensch im Übergang von seinen von Natur aus
angelegten Möglichkeiten zur Wirklichkeit auf soziale Hilfe und
Führung angewiesen ist, erschöpft noch nicht den sozialen Aspekt
der aristotelischen Anthropologie.
Glückseligkeit ist das Ziel sowohl des einzelnen Menschen wie
auch der menschlichen Gemeinschaft. Den Zusammenhang beider drückt
ARISTOTELES folgendermaßen aus: "Wenn somit auch das Ziel für den
einzelnen und für das Gemeinwesen identisch ist, so tritt es doch
am Gemeinwesen bedeutender und vollständiger in Erscheinung: im

Moment des Erreichens sowohl wie bei seiner Sicherung. Es ist gewiß nicht wenig, wenn der einzelne es für sich erreicht; schöner noch und erhabener ist es, wenn Völkergemeinschaften oder Polisgemeinden soweit kommen." (EN, I,1).
Der Grad der Vollkommenheit des Glücks ist abhängig von seiner Dauer. Dauerhaftigkeit kann aber gerade der einzelne nicht garantieren, dauerhaft ist das Allgemeine. Das Allgemeine gegenüber dem Einzelmenschen ist der Staat. Nur ein glückliches Staatswesen kann dem Bürger dauerhaftes Glück sichern.
Das Gefüge des Staatswesens wird durch Gesetze geordnet.
Wie der einzelne seine Naturanlagen verwirklichen muß, so muß auch der Staat in Übereinstimmung mit dem, was von Natur aus möglich ist, seine Wirklichkeit gestalten. Dabei muß im staatlichen Leben sowohl wie im Leben des einzelnen grundsätzlich jeweils und immer aufs neue die Wertfrage beantwortet werden. Die Form, in der die Wertfrage beantwortet wird, ist das Ethos der Staatsgemeinschaft. Daraus folgt, daß die Bedingung eines glücklichen Lebens die Übereinstimmung von Natur und Ethos ist. So wird noch einmal in einem tieferen ursächlichen Zusammenhang deutlich, warum der Staat in seiner Gesetzgebung Regeln aufstellt für die Kinderzeugung. Denn der individuelle Zeugungsakt ist von vornherein einbezogen in die Spannung zwischen Natur und Ethos, d.h. in den Wirkzusammenhang der das Glück sowohl des einzelnen als auch des Gemeinwesens ausmacht.

IV.

Man kann bei der Lektüre der aristotelischen Politik leicht den Eindruck erhalten, als sei die Grundhaltung, die den Tätigkeiten des erwachsenen Menschen zugrunde liegt, lediglich das Resultat seiner Erziehung, denn die Regeln dieser Erziehung sind sehr eng und die Vorschriften sehr massiv; auch soll die Erziehung keineswegs in die freie Verantwortung der doch oft so unverständigen Eltern gestellt sein, vielmehr wird eine intensive Einwirkung und Kontrolle von öffentlich bestellten Staatsdienern gefordert. Die Vorstellung von einer Diktatur der Pädagogen kann in dieser Lektüre kräftige Nahrung finden.

Einem solchen Eindruck steht jedoch nicht nur das berühmte Kapitel
über des Menschen Freiheit und Verantwortung in der Nikomachischen
Ethik entgegen (EN, III,7), vielmehr hat in neuerer Zeit D.J.
ALLAN gerade auch für die Politik des ARISTOTELES überzeugend
nachgewiesen, daß der alles umfassende und sehr vieles umfassende
Staat, der der Natur nach früher ist als der einzelne Bürger, doch
eben seine Gestalt gewinnt durch das Zusammenwirken der einzelnen
freien Bürger, und daß ein gerechter Staat eben nur der gerechte
Staat gerechter Bürger sein kann. (Vgl. ALLAN).

Sowohl das Glück des einzelnen wie das des Staates hängen also
doch entscheidend vom freien Wirken des einzelnen, des Individuums
ab, deshalb wollen wir uns nun der Aufgabe zuwenden, den individualen Aspekt der aristotelischen Anthropologie herauszuarbeiten.
Wir müssen hierzu einen neuen Anlauf nehmen, denn es ist klar, daß
sich letztlich kein Zugang zur Anthropologie des ARISTOTELES gewinnen läßt, wenn dabei nicht einige wesentliche Züge seines Philosophierens überhaupt bedacht werden. Die drei wesentlichen Züge
aristotelischen Philosophierens, die uns zum Verständnis des Indi-
vidualaspekts der Anthropologie helfen sollen, sind folgende:

1. ARISTOTELES ist der Auffassung, daß am Ende einer
    wissenschaftlichen Untersuchung eine Definition stehen
    muß.

2. ARISTOTELES unterscheidet bei jedem Gegenstand der
    Wissenschaft zwischen Materie und Form.

3. Ein Gegenstand ist für ARISTOTELES erst dann in seinem
    Wesen begriffen, wenn er aus seinen Ursachen begriffen
    wird.

Zu 1. beziehen wir uns auf die Autorität des Aristotelesforschers
MANSION, der zu folgendem Ergebnis kommt: Die Aussagen des
ARISTOTELES und seiner Schüler "erlauben uns den zuverlässigen
Schluß, daß ARISTOTELES seit seinen ersten Schritten in der Philosophie aus der platonischen Tradition über die Wissenschaft und
die Definition dasjenige übernommen hat, was er während seiner
ganzen Laufbahn und bis zu ihrem Ende von ihr bewahrt hat, nämlich
daß es eine der Hauptaufgaben, wenn nicht sogar die einzige Aufgabe einer jeden Wissenschaft ist, zu einer Kenntnis der Definition der Wesenheiten zu kommen, die den zu untersuchenden Gegen-

stand dieser Wissenschaften darstellen". (MANSION, 239).
Zu 2. darf vorausgesetzt werden, daß eine Wesensdefinition aus der
Bezeichnung des "genus" und der "differentia specifica" besteht.
Darüber hinaus wird kurz ausgeführt werden müssen, daß genus und
spezifische Differenz sich zueinander verhalten wie Materie und
Form. (Allerdings muß hier eine Einschränkung gemacht werden: Die
methodologische Unterscheidung zwischen "genos" und "eidos" (gr.),
genus und species (lat.) oder Gattung und Art hat sich bei
ARISTOTELES noch keineswegs begrifflich so verfestigt, wie es in
der scholastischen Aristotelesrezeption der Fall ist. Zwar arbeitet
ARISTOTELES in seinen logischen Schriften mit dieser methodischen
Unterscheidung - und sie darf als seine eigene wissenschaftstheoretische Errungenschaft gelten - ; in den auf uns gekommenen biologischen Schriften, in denen man gerade die klassifikatorische Anwendung dieser Begriffe erwarten möchte, zeigt jedoch, wie D.M.
BALMES nachgewiesen hat, die Untersuchung der Bedeutung der Worte
"genos" und "eidos", daß es hier "bei ARISTOTELES keine systematische Unterscheidung zwischen ihnen gibt." (BALMES, 150). Andererseits ist die Unterscheidung zwischen Gattung und Art in der
aristotelischen Schrift "Über die Seele", die für uns von besonderer Bedeutung ist, wieder aufgenommen, und hier vor allem auch mit
der Diskussion der Materie-Form-Problematik. - Diese Einschränkung
mag zeigen, daß aristotelische Begriffe nicht ohne weiteres schema-
tisch angewandt werden dürfen, sondern sich nur im behutsamen Mit-
denken erschließen können.)
Zu 3. sagt ARISTOTELES selbst in seiner Schrift "Über die Seele",
daß seine Definition "nicht bloß den Tatbestand durch Begriffs-
bestimmung darlegen soll, wie es die meisten Definitionen tun,
sondern auch die Ursache soll eingeschlossen sein und zum Ausdruck
kommen." (De an. II, 2).
In seiner Ursachenlehre unterscheidet ARISTOTELES vier oberste
Ursachen: Materialursache (causa materialis), Formursache (causa
formalis), Zielursache (causa finalis) und Wirkursache (causa
movens). In unserem Zusammenhang interessieren Materialursache
und Form- bzw. Zielursache, wobei wir uns H. CASSIRER anschließen,
der feststellt, "daß die causa materialis der causa finalis unter-
geordnet ist, (..., und daß; H.B.) zwischen causa finalis, causa

formalis, causa movens kein wesentlicher Unterschied mehr gemacht
werden kann." (CASSIRER, 36/37)

Für den Individualaspekt aristotelischer Anthropologie folgt aus
dem bisher Gesagten, daß das Wesen des Menschen dann richtig bestimmt ist, wenn in der Definition des Menschen die Angabe der
Materialursache und der Ziel- bzw. Formursache enthalten ist.
Nun lautet bekanntlich die Definition, die ARISTOTELES vom Menschen gibt: Der Mensch ist vernünftiges Lebewesen.

Es scheint also, daß in dieser Definition "Lebewesen" die Materialursache und "vernünftig" die Ziel- oder Formursache ist; oder -
methodologisch gesprochen - daß "Lebewesen" das Genus (die Gattung)
und "vernünftig" die Differentia specifica (die Artdifferenz) bezeichnet. Diese Zusammenhänge gilt es, im folgenden - so weit wie
möglich - zu klären, wobei einerseits, historisch gesehen, der
Tatsache Rechnung zu tragen ist, daß es bis heute auch den besten
Aristotelesforschern nicht gelungen ist, hier eine eindeutige Klärung zu erreichen, und andererseits vermutet werden darf, daß die
Sache selbst nicht die Möglichkeit bietet, überhaupt jemals zu
letzter Klarheit zu gelangen.

Wir wollen nun zunächst versuchen, zu beantworten, inwiefern die
Vernunft, griechisch "nous", Zielursache des Menschen ist. Es ist
leicht einzusehen, daß das Ziel, griechisch "telos", tatsächlich
eine Sache ursächlich bestimmt. Wessen Ziel ein Urlaub in den Ber-
gen ist, der wird in anderer Weise durch dieses Ziel bestimmt als
jemand, dessen Ziel es ist, einen Urlaub am Meer zu verbringen.
Nun gibt es Ziele, die außerhalb der Sache liegen, die sie bestimmen, und Ziele, die innerhalb der Sache selbst liegen. Kurz gesagt:
etwas hat sein Ziel, sein Telos, entweder in sich selbst oder in
einem anderen. Das Ziel, wodurch ein Bauherr zu einem Bauherrn
wird, und das seine Tätigkeit als Bauherr bestimmt, ist das zu er-
bauende Haus. Das Ziel liegt also außerhalb des Bauherrn; es ist
darüber hinaus ein Ziel, das seine bestimmende Kraft verliert, sobald es verwirklicht ist. Es gibt jedoch auch Ziele, die innerhalb
dessen liegen, das sie bestimmen und ihre bestimmende Kraft keineswegs verlieren, sobald sie erreicht sind. So ist es das Ziel
des Menschen, glücklich zu werden. Glück ist das Telos, das dem
Streben des Menschen selbst innewohnt, und dieses Telos behält

auch dann seine wirkende Kraft, wenn es erreicht ist.
Um den entscheidenden Grundzug der aristotelischen "Teleologie",
der Zielgerichtetheit alles Seienden, zu verstehen, müssen wir die
Erkenntnis des ARISTOTELES nachvollziehen, das diejenige Wirklichkeit als die höchste und vollkommenste anzusehen ist, die ihr Telos in sich selbst hat, deren Zielursache rein in ihr selbst
liegt, und die in der Verwirklichung dieses Telos von nichts anderem abhängig ist als von ihrem eigenen Tätigsein.
Wir wollen diese Erkenntnis auf das "Denkvermögen" anwenden, von
dem ARISTOTELES ausführlich in seiner Schrift "Über die Seele"
spricht.
ARISTOTELES unterscheidet in dieser Schrift verschiedene "Seelen-
vermögen", deren jedes dadurch bestimmt ist, daß es ein eigenes
Telos, eine eigene Zielursache hat. So nennt er das Ernährungsvermögen, das Wahrnehmungsvermögen, das Vorstellungsvermögen und
schließlich das Denkvermögen, das uns hier vor allem beschäftigt.
Es ist klar, daß das Ernährungsvermögen sein Ziel gänzlich außerhalb seiner selbst hat. Das Ziel, die materielle Nahrung, liegt
außerhalb des Lebewesens. Hat ein Lebewesen, ob Tier oder Mensch,
Nahrung zu sich genommen und ist satt, so ist das Ziel erreicht,
und das Ernährungsvermögen stellt gewissermaßen seine Tätigkeit
ein.
Auch das Wahrnehmungsvermögen hat sein Ziel außerhalb seiner
selbst, nämlich die wahrnehmbaren Gegenstände. Aber es nimmt diese Gegenstände nicht der Materie, sondern nur der Form nach in
sich auf. Es stellt seine Tätigkeit auch nicht nach Erreichung des
Ziels ein: wir können uns an vielen Dingen nicht "satt hören" oder
"satt sehen". (Wenn die Dauer der fortwirkenden Kraft des jeweiligen Telos dessen Vollkommenheitsgrad bestimmt, so ist damit die
"teleologische Rechtfertigung" dafür gegeben, daß wir das Auge
höher schätzen als das Ohr.)
Das Denkvermögen schließlich kann sich bestätigen ohne die aktuelle Anwesenheit eines außerhalb seiner selbst liegenden Objekts. So
sagt ARISTOTELES: "Der Unterschied (zwischen der Wahrnehmung und
dem Denken; H.B.) liegt darin, daß beim einen, was die Verwirklichung hervorruft, draußen steht: das Sichtbare und das Hörbare
und ebenso die übrigen wahrnehmbaren Dinge. Das kommt daher, daß

.sich die Wahrnehmung in ihrer Betätigung auf das Einzelne, das
Wissen aber auf das Allgemeine richtet.
Dieses aber befindet sich in gewisser Weise in der Seele selbst.
Deshalb liegt das Denken in der Gewalt des Wollens, nicht aber
das Wahrnehmen, denn das Wahrnehmbare muß da sein." (De an. II,5).

Damit sind hinsichtlich der Vernunft (Denkvermögen, nous) drei Bestimmungen erreicht:
1. Die Vernunft hat ihr Telos in sich selbst.
2. Die Vernunft ist auf das Allgemeine gerichtet.
3. Das Tätigsein der Vernunft, das Denken, liegt in der
   Gewalt des Wollens.
Anders ausgedrückt: Das Ziel des Denkens ist das Denken, d.h. das
Erkennen des Allgemeinen. Was der Mensch an allgemeinen, grundlegenden, prinzipiellen Erkenntnissen hat, liegt in der Gewalt seines Wollens. Das bedeutet nichts anderes, als daß es in der freien
Selbstverfügung des Menschen liegt, ob er das Allgemeine erkennt
oder nicht.
Die durch das Telos der Vernunft konstituierte freie Selbstverfügung des Menschen ist es schließlich, die uns berechtigt, von
einem Individualaspekt der aristotelischen Anthropologie zu sprechen. Denn was ARISTOTELES insgesamt über den Menschen aussagt,
sagt er ja nur insofern über das Individuum, über den Einzelnen,
aus, als er es über die ganze Spezies, die Art, aussagt.
Was ist aber das Allgemeine, auf das die Vernunft gerichtet ist?
Wir können diese Frage hier nicht ausführlich erörtern und müssen
mit den Hinweisen, die wir dazu geben wollen, bescheiden im Umkreis
dessen bleiben, was wir bereits dargestellt haben.
Wir haben von "Natur" gesprochen, aber Natur sehen und hören wir
nicht, nehmen wir nicht wahr; was wir sehen, hören, wahrnehmen,
sind einzelne Gegenstände (in) der Natur. Wir sehen einzelne, auch
viele, Menschen; aber wir sehen keinen Staat. Wir können auch wahrnehmen, was in einer bestimmten, sehr kurzen Spanne unseres Lebens
sich ereignet; aber wir können kein ganzes Menschenleben wahrnehmen. Das Allgemeine, das in gewisser Weise in unserer Seele liegt,
also die allgemeine Form von Natur, Staat, Menschenleben, erkennen
wir durch die Kraft des Denkens.

Obwohl, wie wir gesagt haben, die Vernunft ihr Telos in sich
selbst hat, ist sie indessen doch nicht gänzlich unabhängig von
dem, was außer ihr liegt. Zwar ist sie nicht auf aktuelle Wahrnehmung angewiesen. Aber damit sie überhaupt aus einzelnem die
allgemeine Form herausarbeiten kann, muß der Mensch ja zunächst
Wahrnehmungen gehabt haben und müssen diese Wahrnehmungen, wenn
der Wahrnehmungsakt vorbei ist, bestimmte "Vorstellungsbilder" in
der Seele hinterlassen haben.
Wenn die Vernunft also doch nicht ganz unabhängig ist von jeder
außerhalb ihrer liegenden Wirklichkeit, wenn sie zur Verwirklichung ihres Telos doch in irgendeiner Weise von der materiellen
Außenwelt beeinflußt werden muß, kann dann diese Vernunft als
schlechthin vollkommene Wirklichkeit gelten? Wir wollen diese Frage einen Augenblick zurückstellen, und zunächst diesen Abschnitt
über den "Individualaspekt" der aristotelischen Anthropologie zusammenfassen.
Der Mensch ist ein Lebewesen, das von Natur aus vieles mit anderen
Lebewesen gemein hat: er ernährt sich, er hat Wahrnehmung, er hat
Vorstellungsbilder. Er gehört also ganz allgemein zur Gattung
"Lebewesen". Das er überhaupt Lebewesen ist, gibt ihm erst die Möglichkeit, Mensch zu werden, Mensch zu sein. Seine materiale Aus-
stattung ist Möglichkeit und Voraussetzung dafür, daß er sich von
allen anderen Lebewesen durch Vernunft artspezifisch unterscheidet.
Was ihn als Menschen auszeichnet, ist die Verwirklichung des seiner Vernunft innewohnenden Telos. So ist der Mensch durch die
Kennzeichnung seiner Material- und Zielursache bestimmt, und diese
Bestimmung geht in seine Definition ein: Der Mensch ist vernünftiges Lebewesen.
Wir wären mit unserer Untersuchung zu Ende, wenn wir nicht von
ARISTOTELES selber getrieben würden, unsere ursprüngliche Fragestellung nach dem naturalen, sozialen und individualen Aspekt sei-
ner Anthropologie zu erweitern und den drei genannten Aspekten
noch einen vierten hinzuzufügen. Wir wollen ihn den "theologischen
Aspekt" nennen.

V.

Die Vernunft, so haben wir gesehen, ist nicht völlig unabhängig
von allem, was außerhalb ihrer liegt; zumindest ist sie abhängig
von bestimmten aus der Wahrnehmung stammenden Vorstellungsbildern.
Auch wenn das Telos des Denkens das Denken ist, so muß doch ausdrücklich gemacht werden, daß das Denken seinerseits etwas bewegt,
nämlich das Handeln.
ARISTOTELES sagt: "Die Denkkraft denkt die (allgemeinen; H.B.)
Formen anhand von Vorstellungsbildern, und da ihr in diesen das zu
Erstrebende und zu Meidende beschlossen ist, so wird sie auch ohne
die Wahrnehmung, wenn sie bei den Vorstellungsbildern weilt, in
Bewegung versetzt, (...; H.B.). Zuweilen aber ist es so, daß man
mittels der Vorstellungs- oder Denkbilder in der Seele, gleichsam
sie sehend, das Zukünftige gegen das Gegenwärtige abwägt und über-
legt. Und wenn man sagt, daß dort und dort das Angenehme oder Un-
angenehme ist, so meidet man es oder begehrt es, und so überhaupt
beim Handeln." (De an. III,7).
Wir hatten weiter das Streben nach Wissen und das Streben nach
Lust zunächst unvermittelt nebeneinander gesetzt. Hier werden sie
miteinander verbunden. Was das zu Meidende und das zu Erstrebende
ist, wird, wie wir schon gesehen haben, einerseits sozial vermittelt durch Erziehung, Umwelteinflüsse etc.; die Auseinandersetzung
um die Beantwortung von Wertfragen machte ja den Kern des "sozialen" Aspekts aus.
Aber andererseits macht dieses Zitat doch deutlich, daß, was für
den einzelnen Menschen das zu Meidende und das zu Erstrebende ist,
von der Auseinandersetzung abhängig ist zwischen der dem Augenblick
hörigen Begierde und der das Allgemeine denkenden Vernunft. Da aber
das Denken des Allgemeinen in der Kraft des Wollens liegt, ist es
ein Akt der freien Selbstverfügung des Menschen, ob er sein Streben auf das richtet, was einen Tag oder eine Stunde ausmacht oder
auf das, was sein ganzes Leben bestimmt. So fährt ARISTOTELES wenig später fort: "Da nun die Strebungen einander entgegengesetzt
sind, und da dies bei den Wesen vorkommt, die den Zeitsinn haben -
die Vernunft heißt wegen des Zukünftigen nach der einen Seite ziehen, die Begierde wegen des Jetzigen nach der anderen; das jetzige
Angenehme scheint ihr nämlich schlechthin angenehm zu sein, weil

sie das Zukünftige nicht sieht -, so gibt es der Art nach ein Bewegendes, das Strebende als Strebendes, - als erstes aber das Erstrebte. Dieses bewegt, ohne bewegt zu sein." (De an. III, 10).

Mit dieser letzten Bemerkung führt uns ARISTOTELES in eine neue
Dimension ein, in der wir uns erst neu orientieren müssen. Was
heißt: es gibt ein Bewegendes, das Strebende als Strebendes, - als
erstes aber das Erstrebte. Dieses bewegt, ohne bewegt zu sein?
Wir wissen,daß alles eine Zielursache hat. Alles muß sein Telos
verwirklichen. Erst wenn etwas sein Ziel verwirklicht hat, ist es
in Wirklichkeit das, was es zuvor nur der Möglichkeit nach war.
Bewegung ist also der Übergang aus der Möglichkeit zur Wirklichkeit. Das, was bewirkt, ist also das Telos. Nun kennen wir zunächst Zielursachen, die selbst wieder verursacht sind: Der Mensch
ernährt sich, damit er gesund bleibt, damit seine Sinnesorgane zur
Wahrnehmung befähigt bleiben; er hat Wahrnehmungen, damit aus den
gebildeten Vorstellungsbildern die Denkkraft die allgemeine Form
abstrahieren kann. Was aber bewegt die Denkkraft?
Es ist für ARISTOTELES ein Axiom, daß die Kette der Ursachen einmal ein Ende haben muß. Es muß eine Zielursache geben, die nicht
selbst wieder verursacht ist, die reine Wirklichkeit ist, niemals
nur der Möglichkeit nach war, die ihr Telos ewig rein aktuell verwirklicht. Dies ist das erste Bewegende und selbst Unbewegte. Es
ist das Göttliche, die reine vollkommene Wirklichkeit.
Wie aber kann das Göttliche zu erstrebende Zielursache für die
Vernunft sein, wenn diese Vernunft, wie wir gesagt haben, ihr Telos in sich selbst hat? Die Antwort muß wohl lauten: die Vernunft
selbst ist göttlich.
Tatsächlich nimmt ARISTOTELES neben der Vernunft, die aus den Vorstellungsbildern durch ihre Denkkraft das Allgemeine heraushebt,
noch eine Vernunft an, die ihr Telos rein in sich selbst hat, die
reine Wirklichkeit, reiner Denkakt. ... "dieser Geist ist abge-
trennt, leidensunfähig und unvermischt, da er dem Wesen nach Bestätigung ist - denn immer ist das Wirkende ehrwürdiger als das
Leidende und der Urgrund als die Materie. Aber nicht denkt er
bald, bald nicht; getrennt ist er nur das, was er ist, und dieses
allein ist unsterblich und ewig." (De an. III, 5)

Es ist uns unmöglich, den Sinn dieser Stelle, die eine der dunkel-
sten und geheimnisvollsten im ganzen Werk das ARISTOTELES ist, auf
befriedigende Weise zu erklären. Wir wollen aber wenigstens durch
eine Reihe von Fragen die Probleme deutlich machen, die sich aus
diesem Zitat ergeben.
Denn in der Tat sind durch die Antwort: die Vernunft selbst ist
göttlich, mehr Schwierigkeiten aufgetürmt worden als gelöst.
Wie soll diese göttliche Vernunft im Menschen getrennt, unvermischt, leidensunfähig bestehen neben jener anderen, die das Allgemeine anhand der Vorstellungsbilder denkt; - oder ist es gar ein
und dieselbe?
Wie ist dieser göttliche Geist im Menschen verbunden mit dem
ewigen göttlichen Geist, dem unbewegten Beweger?
Wenn das anhand der Vorstellungsbilder denkende Denkvermögen mit
dem Körper des Menschen stirbt, und nur der leidensunfähige, unge-
trennte, unvermische Geist ewig bleibt, - was ist dann dieser ewige Nous?
Ingemar DÜRING sagt in seinem großen Aristotelesbuch: "... "daß
die meisten Kommentatoren (dieser Stelle; H.B.) größeres Gewicht
darauf legen, ihre eigenen Ansichten darzustellen als darauf, die
Ansicht des ARISTOTELES herauszufinden." Gleichzeitig unternimmt
er eine Klärung dieser Stelle, die mit dem Ergebnis abschließt,
ARISTOTELES versuche hier in einem reifen Spätwerk PLATONS Ansicht mit seiner eigenen Denkweise zu verschmelzen. (DÜRING, 581-
583).
Wir sind nicht kompetent, die verschiedenen Erklärungen zu beurteilen, und uns bleibt auch nicht genug Platz, sie ausführlich zu
referieren.
Wir wollen darum diese Fragen unbeantwortet stehen lassen. Eines
jedenfalls wird deutlich, daß das Streben nach dem Göttlichen für
den Menschen das Höchste ist; und da das Göttliche das Ewige ist,
bedeutet es für den Menschen das vollkommene Glück, das Göttliche
als das ihm wesensmäßige Ziel zu erreichen. In diesem Streben
liegt für ihn die höchste Lust.
Schließen wir darum diese Untersuchung zur Anthropologie des
ARISTOTELES, deren Grundaspekte wir aus seinem Werk herauszuarbeiten bemüht waren, mit einem Zitat aus dem mit Recht berühmten

7. Kapitel des X. Buches der Nikomachischen Ethik:
"Ist also, mit dem Menschen verglichen, der Geist
etwas Göttliches, so ist auch ein Leben im Geistigen,
verglichen mit dem menschlichen Leben, etwas
Göttliches. Wir sollen aber nicht den Dichtern
folgen, die uns mahnen, als Mensch uns mit
menschlichen und als Sterbliche mit sterblichen
Gedanken zu bescheiden, sondern, soweit wir
können, uns zur Unsterblichkeit erheben und
alles tun, um unser Leben nach dem einzurichten,
was in uns das Höchste ist."

Literatur

I.

Aristoteles,   benutzte und zitierte Schriften aus dem
                 opus aristotelicum:

                 - Metaphysica (Met.), Ed. W. Jaeger, Oxford 1969,
                   dt.v. H. Bonitz, in: Rowohlts Klassiker (rk)
                   205 - 208

                 - Ethica Nicomachea (EN), Ed. I. Bywater, Oxford
                   1970, dt. v. F. Dirlmeier, in: Fischer Bücherei
                   1957

                 - Politica (Pol.), Ed. W.D. Ross, Oxford 1957,
                   dt. v. F. Susemihl, in: rk 171 - 173, 1965

                 - De anima (De an.), Ed. W.D. Ross, Oxford 1956,
                   dt. "Über die Seele", v. W. Theiler, Darmstadt
                   1973[4]

II.
A.

Jaeger, Werner, Aristoteles, Grundlegung einer Geschichte seiner
                 Entwicklung, Dublin/Zürich 1967[3] (unverzichtbare
                 Einführung i.d. aristotelische Philosophie)

Düring, Ingemar, Aristoteles, Darstellung und Interpretation
        seines Denkens, Heidelberg 1966 (beste Gesamtdar-
        stellung)

Cassirer, Heinrich, Aristoteles' Schrift "Von der Seele" und ihre
        Stellung innerhalb der aristotelischen Philosophie,
        Darmstadt 1968 (umfassendste Darstellung und Inter-
        pretation dieser Schrift)

B.

(Folgende Abhandlungen sind erschienen in vier Bänden der Reihe
"Wege der Forschung" - WdF - der Wissenschaftlichen Buchgesell-
schaft, Darmstadt,

WdF LXI, Aristoteles in der neueren Forschung, 1968

WdF CCVIII, Ethik und Politik des Aristoteles, 1972

WdF CCXXV, Die Naturphilosophie des Aristoteles, 1975

WdF CCXXVI, Logik und Erkenntnislehre des Aristoteles, 1972)

Allan, D.J.,   Individuum und Staat in der Ethik und der Politik
        des Aristoteles (1965) WdF CCVIII

Balmes, D.M.,   Génos und Eidos in der Biologie des Aristoteles
        (1962) WdF CCXXV

Ivánka, Endre, Zur Problematik der aristotelischen Seelenlehre
        (1955) WdF CCXXV

Mansion, Augustin, Der Ursprung des Syllogismus und die Wissen-
        schaftstheorie bei Aristoteles (1960/61)
        WdF CCXXVI

Minio-Paluello, Lorenzo, Die aristotelische Tradition in der
        Geistesgeschichte (1958) WdF LXI

Randall, John, H., Die Bedeutung der Naturphilosophie des
        Aristoteles (1960) WdF CCXXV

Wieland, Wolfgang, (1) Die aristotelische Theorie der Notwendig-
        keitsschlüsse (1966) WdF CCXXVI
"   "   (2) Das Kontinuum in der aristotelischen
        Physik (1962) WdF CCXXV

Heinrich   M a i w o r m

Thesen zu einer literarischen Anthropologie

Leser poetischer Texte gehen mit ganz unterschiedlichen Erwartungen an die Lektüre heran. Das hängt von vielen Faktoren ab, vom Alter zum Beispiel, von der subjektiven Seelenlage, vom Anlaß, der zur Lektüre führt, von der literarischen Information des einzelnen, von Intentionen, die mit der Lektüre verbunden werden. Was auch immer der Leser im einzelnen Fall erwarten mag, eins erwartet er mit Sicherheit: Aufschluß über Wirklichkeit, Einblick in menschliches Leben. Allerdings wird er darauf gefaßt sein müssen, dies in der besonderen Form der Poesie zu erhalten.

Der Bezug der Literatur zur Wirklichkeit und zum menschlichen Leben droht immer wieder verdunkelt zu werden. Für viele sind die oft befremdenden Formen, in denen menschliches Leben in literarischen Texten dargestellt wird, ein großes Hindernis, die Wirklichkeitserschließung durch Literatur zu erkennen. Die Dominanz der wissenschaftlich-sachlichen Information in der Gegenwart und die Schulung der wissenschaftlich-sprachlichen Rezeption erschwert das Verständnis für die besondere Weise der ästhetischen Information durch poetisch-symbolische Texte. Das Schlagwort von der "Kunst um der Kunst willen" bestätigt nur zu leicht die angenommene Wirklichkeitsfremdheit der Literatur, die, weit entfernt vom Leben, sich selbst genügsam mit einem abstrakten Glasperlenspiel beschäftige.

Die Hinwendung insbesonders junger Menschen zu einer engagierten Literatur, bei der eine Beziehung zu gesellschaftlichen und politischen Zielen klar erkennbar ist, darf deshalb nicht verwundern. So sehr auch die Monotonie, mit der die Frage nach der "gesellschaftlichen und politischen Relevanz" von künstlerischen und wissenschaftlichen Erscheinungen wiederholt wird, beweisen mag, daß dies eine unangemessene Einengung möglicher anthropologischer Fragestellungen ist, - im Prinzip wird in dieser Frage das berechtigte fundamentale Interesse des Menschen an seiner eigenen Existenz als dem Grund und Ziel künstlerischer und wissenschaftlicher Bestätigung offenbar.

Es sollen im folgenden ein paar Thesen formuliert und erläutert werden, in welcher Weise Literatur auf die Frage nach dem Menschen Aufschluß geben kann. Wenn dabei auch einzelne Texte einzelner Autoren herangezogen werden, so geht es nicht um das Menschenbild bei diesen Autoren, sondern um die kategoriale Frage, was Literatur überhaupt für anthropologische Probleme bedeuten kann.

Der Begriff "Literatur" wird gebraucht im Sinne von poetischen, ästhetischen Texten, also von Dichtung.

1. <u>Einzige Bezugsgröße der Literatur ist der Mensch - genauer: der Mensch in seinen Möglichkeiten.</u>
Auch wo scheinbar der Mensch nicht Gegenstand der Literatur ist (z.B. in Naturgedichten),ist er doch ihr Thema. Durch alle literarischen Gegenstände hindurch, durch alle Verfremdungen und Symbolisierungen dringt das Interesse an der Existenz des Menschen und den damit verbundenen Sinnfragen.

> Der Rauch
> Das kleine Haus unter Bäumen am See,
> Vom Dach steigt Rauch.
> Fehlte er
> Wie trostlos dann wären
> Haus, Bäume und See.
>
> B. Brecht[1]

Der Text kann das Gemeinte verdeutlichen. Brecht entwirft eine kleine Idylle: ein Haus unter Bäumen am See. Von Menschen ist nicht die Rede, nur vom Rauch, der aus dem Dach steigt. Aber hinter den Gegenständen wird die menschliche Welt spürbar: der reflektierende Autor selber, der sich den Rauch wegdenkt und auf einmal merkt, daß nicht die Naturidylle das "Tröstliche" des Anblicks ausmacht, sondern der Rauch, der die Nähe der dort wohnenden Menschen anzeigt. So offenbart sich als die eigentliche Gegenständlichkeit der wenigen Zeilen eine Erfahrung des Menschen mit dem Menschen, nämlich, daß dem Einsamen schon die

bloße Gegenwart, schon die vermutete Nähe des andern ein Trost
sein kann, daß Wärme (Rauch), Zusammengehörigkeit, Freundlichkeit
zwischen Menschen möglich und sinnvoll ist.

Auch durch ein so klassisches Naturgedicht wie Mörikes "September-
Morgen"[2] leuchtet die Empfindungs- und Idealisierungsfähigkeit des
Menschen.

> Im Nebel ruhet noch die Welt,
> noch träumen Wald und Wiesen:
> Bald siehst du, wenn der Schleier fällt
> den blauen Himmel unverstellt,
> herbstkräftig die gedämpfte Welt
> in warmem Golde fließen.

Nicht nur die anthropomorphen Wendungen von der "ruhenden Welt",
von "träumenden Wäldern und Wiesen" und vom "fallenden Schleier"
stiften eine Beziehung zur Welt des Menschen, das ganze Gedicht
spricht ebenso sehr von der Naturempfindung des Beobachters, die
er auf den Leser zu übertragen versucht ("Bald siehst du"), wie
von den Naturphänomenen selbst. Dieser von Mörike ins Ideal-
Schöne stilisierte Septembermorgen legt eher Zeugnis ab von der
Fähigkeit des Menschen, mit Hilfe von Naturerscheinungen Schön-
heit wahrzunehmen und zu konstituieren, als von dieser Natur-
erscheinung selbst. Natur wird zum Anlaß und zum Bild für
menschliche Möglichkeiten der geistigen Ordnung und der Empfin-
dung dieser Ordnung als sinnvoll.

Diese Beispiele mögen genügen, um die These zu veranschaulichen
und zu stützen, daß das immer wieder variierte Thema der Literatur der Mensch sei, was im einzelnen auch Thema und Gegenstand
sein mag.

2. <u>Die eigentliche Quelle dichterischer Aussagen über den Menschen ist die Selbsterfahrung und sorgfältige Fremdbeobachtung.</u>

Es ist nicht an erster Stelle die Übertragung wissenschaftlicher,

anthropologischer Erkenntnisse aus Philosophie, Theologie,
Soziologie, Psychologie usw. in dichterische Sprache und Formen,
die uns in poetischen Texten begegnet, sondern der komplexe
Niederschlag der Primärerfahrung und Primärreflexion des einzelnen Schreibers. Deshalb werden ja auch literarische Texte
als Quellen wissenschaftlicher, soziologischer, psychologischer
Untersuchungen herangezogen. Man denke etwa an die psychologischen Märchendeutungen[3] oder an die theologische Aufarbeitung
literarischer Probleme[4] oder an die Versuche, mit Hilfe der
Existenzphilosophie Literatur zu deuten.

Dichtungen sind in ihren wertvolleren Produkten Primärliteratur,
hervorgebracht durch die Sensibilität und Sprachfähigkeit ihrer
Autoren. Daher überschreiten auch ihre Aussagen über den Menschen oft bisher Gesagtes, darum sind sie in einem genauen Sinne
"entdeckend", Tabus brechend, verborgene Möglichkeiten aufwei-
send. Nicht zufällig sind sie deshalb für diejenigen unangenehm
oder gefährlich, die bereits zu wissen glauben, was der Mensch
eigentlich sei oder die bestimmen wollen, was er zu sein habe.
Es sei nur verwiesen auf den Bereich moralischer (z.B. das Porno-
graphieproblem in der Literatur) oder politischer Reglementierun-
gen durch kirchliche und staatliche Institutionen.

Eine Fabel von Lessing[5] mag diesen primär anthropologischen Gehalt und die aufdeckende Funktion poetischer Texte verdeutlichen.

Der Dornstrauch
Aber sage mir doch, fragte die Weide den Dornstrauch, warum
du nach den Kleidern des vorbeigehenden Menschen so begierig
bist? Was willst du damit? Was können sie dir helfen?

Nichts! sagte der Dornstrauch. Ich will sie ihm auch nicht
nehmen; ich will sie ihm nur zerreißen.

In einem knappen, zugespitzten Dialog, in dem das entscheidende
Wort am Ende steht, wird der Mensch als souveränes Wesen entworfen, der das Böse einfach wollen kann. Die Weide versucht,

in breit angelegten, etwas hilflosen Fragen, sich das Handeln
des Dornstrauchs zu erklären. Es muß doch Motive geben: Vielleicht kann er mit den Kleidern etwas anfangen, vielleicht
braucht er sie. Solche psychologischen Unterstellungen werden
vom Dornstrauch mit einem kalten "Nichts" zurückgewiesen.
Seine eigene Erklärung, daß er sich für das Zerreißen entschieden habe, bleibt außerhalb jedes Versuchs einer psychologischen
Motivation. Nichts von psychischem Überdruck, von pubertärer
Zerstörungswut, von Affekthandlung oder Provokation. Bis auf
das Äußerste zugespitzt durch das zynische "Nur" wird die ein-
fache, freie Entscheidung für das Zerstören offenbar gemacht,
die Unerklärbarkeit des Bösen, das in der Freiheit des Menschen
begründet ist.

3. Die Erfahrungen und Beobachtungen, die der Dichter mitteilt,
sind immer partielle Erfahrungen, die er aspekthaft darstellt.

Er sagt nichts Systematisches über das Wesen des Menschen. Er
zeigt vielmehr den Menschen in dieser und jener Situation, aber
nicht in seiner abstrakten Wesenheit.

Eine Kritik an Dichtungen mit dem Einwand: "Aber so ist doch
der Mensch nicht, wie er hier gezeigt wird", geht an der Intention der Literatur vorbei. Sie will nichts über den Menschen
sagen, wie er überhaupt ist, sondern eine Möglichkeit in einer
bestimmten Situation aufzeigen, die zugleich aber keine bloß
individuelle und private Möglichkeit ist, sondern eine des
Menschen - also vielleicht auch meine.

Insbesondere, wenn Dichtung aus philosophischer oder theologi-
scher Sicht gedeutet wird, besteht die Gefahr des Mißverständ-
nisses, als sollte in den literarischen Figuren gleichsam die
Totalität menschlichen Seins dargestellt werden. Da dies nicht
der Fall ist, hört man dann den Einwand, daß es sich hier um
ein verkürztes, z.B. zu negatives Menschenbild handele, daß
dieses Werk nicht den Anspruch erheben könne, die Wahrheit
über den Menschen zu sagen. Ein solcher Einwand berücksichtigt

nicht das Aspekthafte, Situative literarischer Mitteilungen.

Wenn man z.B. aus Goethes "Prometheus" ableiten wollte, wie
Goethe über die Beziehung des Menschen zu Gott gedacht habe,
so käme man bald in eine arge Verlegenheit. Zwar steht im
"Prometheus" "Ich kenne nichts Ärmeres unter der Sonne als
euch, Götter", aber man kann in "Grenzen der Menschheit" lesen:

> Wenn der uralte,
> Heilige Vater
> Mit gelassener Hand
> Aus rollenden Wolken
> Segnende Blitze
> Über die Erde sät,
> Küß ich den letzten
> Saum seines Kleides
> Kindliche Schauer
> Treu in der Brust.
>
> Denn mit Göttern
> soll sich nicht messen
> Irgendein Mensch.
> ...

Der Widerspruch zwischen Auflehnung gegen Gott im "Prometheus"
und kindlicher Ergebenheit in "Grenzen der Menschheit" ist kein
logischer, sondern ein situativer. Wer nicht gelegentlich die
prometheische Absage an Gott in sich gespürt hat, wird vielleicht nie einer tiefen Hinwendung fähig sein.
Was Goethe in diesen Gedichten und vielen anderen über das
Verhältnis Mensch - Gott sagen will, hat nichts mit einer abstrakten Wahrheit oder einer Norm zu tun, sondern mit der sehr
unterschiedlichen, vielfältigen Erfahrung, die man im Leben
machen kann.

4. Der Autor ist immer auch ein Kind seiner Zeit, er ist deshalb dem Denken und dem Horizont seiner Zeit verpflichtet. Als
Zeitgenosse ist er vom Menschenbild seiner Zeit bestimmt, das
sich auch in seinen Werken spiegelt.

So ist die Ritterdichtung des Mittelalters geprägt von einem
christlichen Idealismus, so Dante vom konstruktiven theologischen Denken in dieser Zeit, Milton vom Puritanismus und der
Prädestinationslehre eines Calvin, Klopstock vom Pietismus des
18. Jahrhunderts und Brecht vom Marxismus.

Aber: Die Autoren gehen in den eigenen Denksystemen nicht auf.
Die eigenen Erfahrungen transzendieren immer wieder die Grenzen,
die ihnen durch die vorgegebenen Weltanschauungen gesetzt sind.
Sie stehen in einer lebendigen Spannung, zum Teil sogar im
Widerspruch zur eigenen Theorie, stets offen für das Entdecken
neuer Möglichkeiten. Brechts Gedicht "Alles wandelt sich"[6] hat
für die zeit- und systemüberwindende Kraft von Literatur pro-
grammatische Bedeutung.

> Alles wandelt sich. Neu beginnen
> kannst du mit dem letzten Atemzug.
> Aber was geschehen, ist geschehen. Und das Wasser
> Das du in den Wein gossest, kannst du
> Nicht mehr herausschütten.
>
> Was geschehen ist, ist geschehen. Das Wasser
> Das du in den Wein gossest, kannst du
> Nicht mehr herausschütten, aber
> Alles wandelt sich. Neu beginnen
> Kannst du mit dem letzten Atemzug.

Der Dichter greift Redewendungen auf, die er zweimal auf unterschiedliche Weise montiert. Einmal fügt er sie - so könnte man
sagen - zu einem geschlossenen System. Die Formeln "Alles wandelt sich", "Neubeginnen kannst du mit dem letzten Atemzug"
werden zu Leerformeln angesichts dieses "Aber", das die Fakten

gewichtig an den Schluß der Strophe rückt. "Was geschehen ist,
ist geschehen." Es ist nicht rückgängig zu machen und determiniert
übermächtig groß jeden Willen zum Neubeginn.

In der zweiten Strophe werden die gleichen Redewendungen in eine
andere Reihenfolge gebracht. Die Perspektive ändert sich. Es
wird nicht geleugnet, daß es Fakten gibt und den Wein, den man
in das Wasser gegossen hat, nicht mehr herausschütten kann.
Diese Fakten werden aber durch das "Aber" relativiert. Dominie-
rend, faktenüberwindend steht nun am Schluß der Strophe die Möglichkeit zum Neubeginn. So ähnlich geht auch der Dichter mit seinem eigenen Denksystem um. Daraus ergibt sich die nächste These.

5. Dichtung ist im Prinzip antiideologisch, d.h. sie steht quer
zu den verkürzenden Denkweisen über den Menschen und deren Abso-
lutsetzungen.
Es gibt natürlich auch "Dichter vom Dienst", d.h. solche, bei
denen eine Identität zwischen proklamiertem Denksystem und Werk
besteht. Aber in den Werken ist meistens die ästhetische
Frustrierung greifbar, weil die spannungslose Gleichsetzung lite-
rarisch nicht fruchtbar ist. Wenn man das, was man zu sagen hat,
auch anders als auf poetische Weise sagen kann, ist die zweite
Art nur eine Veranschaulichung und damit eigentlich überflüssig.
Adorno hat diesen Gedanken so formuliert: "Kunstwerke (also
auch Dichtungen) haben ihre Größe einzig darin, daß sie sprechen
lassen, was Ideologie verbirgt".

Von daher erklärt sich auch die Empfindlichkeit geschlossener
politischer und religiöser Herrschaftssysteme gegen die so
schwer reglementierbare Kunst, insbesondere gegen die Literatur.

Die Offenheit gegenüber der erfahrbaren Gesamtwirklichkeit, die
Notwendigkeit, diese Gesamtwirklichkeit - wenn auch in einzelnen Aspekten - zur Sprache zu bringen, macht den Literaten zu
einem unbequemen Zeitgenossen und zu einem noch unbequemeren
Parteigenossen. Brecht[7] hat das wieder in einzigartiger Weise
bezeugt.

Das Amt für Literatur

Das Amt für Literatur mißt bekanntlich den Verlagen
Der Republik das Papier zu, soundso viele Zentner
Des seltenen Materials für willkommene Werke.
Willkommen
Sind Werke mit Ideen
Die dem Amt für Literatur aus Zeitungen bekannt sind.
Diese Gepflogenheit
Müßte bei der Art unserer Zeitungen
Zu großen Ersparnissen an Papier führen, wenn
Das Amt für Literatur für eine Idee unserer Zeitungen
Immer nur ein Buch zuließe. Leider
Läßt es so ziemlich alle Bücher in Druck gehen, die eine Idee
Der Zeitungen verarzten.
So daß
Für die Werke manches Meisters
Dann das Papier fehlt.

6. <u>Vom Standpunkt der Literatur aus</u> könnte man den Menschen definieren als ein Wesen, das die Grenzen seiner Möglichkeiten zu
erproben versucht, um seiner Wirklichkeit näher zu kommen.

Es geht der Literatur nie um die geschichtliche Faktizität
des Menschen. Auch wenn geschichtliche Personen und Dokumen-
tationen literarischen Werken als Stoff dienen (Wallenstein,
Galilei), ist nicht ihre einmalige geschichtliche Besonderheit
gemeint, sondern Modelle menschlicher Existenz. Das Modellhafte,
Allgemeingültige liegt nicht in einem bestimmten exemplarischen
Menschenbild (etwa dem "klassischen" Menschen), sondern in der Darstellung der Freiheit des Menschen, der Sinnentwürfe seiner
Existenz machen kann.

Auch wenn Literatur sich der fiktionalen Mittel bedient und
realitätsfremde Figuren erfindet (z.B. im Märchen), geht es
hier um Modelle menschlicher Existenz. Gerade die durch Mittel
der Entfremdung geschaffene Wirklichkeitsdistanz ermöglicht es,

rekurrente, geläufige und verfestigte Menschenbilder in Frage
zu stellen und die ungelöste Frage nach möglichen Sinnentwürfen
offenzuhalten.
Kafkas "Kleine Fabel"[8] mag das verdeutlichen.

"Ach", sagte die Maus, "die Welt wird enger mit jedem Tag.
Zuerst war so so breit, daß ich Angst hatte, ich lief
weiter und war glücklich, daß ich endlich rechts und links
in der Ferne Mauern sah, aber diese langen Mauern eilen so
schnell aufeinander zu, daß ich schon im letzten Zimmer
bin, und dort im Winkel steht die Falle, in die ich laufe."
- "Du mußt nur die Laufrichtung ändern", sagte die Katze
und fraß sie.

Auf welche Situationen im einzelnen die Fabel auch anwendbar sein
mag, hier werden Grundbestände menschlicher Existenz angesprochen:
Freiheit und Weite, Angst, Glück in der Geborgenheit, Enge,
Unausweichlichkeit, Tod. Gerade die zusammenfassende Raffung
in wenigen Zeilen wirkt wie eine visionäre Verdichtung des
menschlichen Lebens in einem Augenblick. So kann Leben erfahren werden, so ist es phänomenologisch. Die Sinnfrage wird
nicht gestellt, aber sie wird durch diesen Text provoziert.
Es ist dem einzelnen anheimgegeben, mit dem so beschriebenen
Leben fertig zu werden und es seinen geistigen, metaphysischen,
religiösen Koordinaten zuzuordnen.

7. Die Fabel von Kafka führt uns direkt zu einer weiteren
These:
Auch die Darstellung des Negativen, des Scheiterns menschlicher
Existenz hat positive Bedeutung.

Immer wieder kann man in Zusammenhang mit der Literatur, insbesondere mit der neuen Literatur, die Frage hören: "Wo bleibt
das Positive, wo bleiben die Leitbilder, an denen sich Menschen
orientieren können?" Man sollte eine solche Frage nicht zu
schnell als moralistisch und der Literatur unangemessen abtun.
Schließlich gehorchen die literarischen Helden bestimmten Normen,

die bei ungenügender Reflexion als verbindlich und nachahmens-
wert verstanden werden können. Man kann deshalb die Klage verstehen, daß in der modernen Literatur die Normen der Tradition
in Frage gestellt, daß das Erhebende und Schöne zu wenig er-
scheine, daß man vielmehr von den Brüchen im menschlichen Dasein
fasziniert und der Destruktion verfallen sei.

Die Dichtung einer Zeit steht in einem genauen Zusammenhang mit
ihr. Sie ist zwar nicht einfach Widerspiegelung der Realität,
sondern ästhetisch vermittelte Widerspiegelung, d.h. sie geht
durch selektive, stilisierende Prozesse. In Zeiten kultureller
Geschlossenheit und Einheit gibt es Dichtungsentwürfe, die es
an Idealität nicht fehlen lassen. Die großen Epen der Weltlite-
ratur, auch die Epen des Mittelalters, sind Widerspiegelungen von
idealistischen Sinngebungen politisch tragender Gruppen der Gesellschaft. Die ästhetische Vermittlung liegt hier einerseits
in der Überhöhung der Zustände, andererseits in der Infrage-
stellung.

Literatur kann aber in Zeiten kultureller Diskrepanz keine
idealen Entwürfe vorlegen, die in der Gesellschaft keinen Halt
haben. Der Dichter gibt ja Erfahrungen, nicht abstrakte Wunsch-
bilder wieder. So spiegelt die moderne Literatur notwendigerweise die kulturellen Diskrepanzen der Gegenwart, aufgrund
ihrer Stilprinzipien zugespitzt und übertrieben, aber auch in
Frage stellend durch Darstellung des Negativen als eines Negativen in Ironie, Karikatur und Satire.

Aber gerade dadurch bewahrt sie ihre eigene Funktion und
Idealität, indem sie um menschliche Möglichkeiten bemüht bleibt,
die in Vergessenheit geraten sind. Die Darstellung des Negativen
als des Negativen schlägt um in eine Evozierung des Positiven,
das zwar nicht dargestellt werden, aber hinter der Darstellung
des Negativen entworfen werden kann. Die Literatur muß es allerdings dem einzelnen und der Gesellschaft überlassen, es zu entdecken und in die menschliche Wirklichkeit zurückzuholen.

Konrad Ferdinand Meyer[9] konnte noch aus der Tradition die Vollkommenheit partnerschaftlichen Zusammenseins in einem Liebes-
gedicht so gestalten:

Zwei Segel

Zwei Segel erhellend   Wie eins in den Winden
Die tiefblaue Bucht!   Sich wölbt und bewegt,
Zwei Segel sich schwellend   Wird auch das Empfinden
Zu ruhiger Flucht!   Des andern erregt.

Begehrt eins zu hasten,
Das andere geht schnell,
Verlangt eins zu rasten,
Ruht auch sein Gesell.

Im Bilde zweier harmonisch miteinander gleitender Segelboote,
reduziert zu Segeln, stellt der Verfasser vollkommene Partner-
schaftlichkeit zweier Liebender dar. Das Vokabular läßt das Thema
zurückhaltend durchscheinen: schwellen, Empfinden, erregen, be-
gehren, verlangen, Gesell. Das Gedicht kennt keine Probleme in
den Liebesbeziehungen zwischen Menschen, es idealisiert die
Situation und konzentriert sie zu einer punktuellen Vollkommenheit. Man denkt an Faustens Stoßseufzer: "Könnt ich zum Augen-
blicke sagen ...".

Wie anders dagegen spricht hundert Jahre später Ingeborg Bachmann[10] über die Liebe:

Reigen

Reigen - die Liebe hält manchmal   Kalter Rauch aus dem Krater
im Löschen der Augen ein,   haucht unsre Wimpern an;
und wir sehen in ihrer eigenen   es hielt die schreckliche Leere
erloschenen Augen hinein.   nur einmal den Atem an.

Wir haben die toten Augen
gesehen und vergessen nie.
Die Liebe währt am längsten
und sie erkennt uns nie.

Bilder von eindrucksvoller Intensität treten uns hier entgegen:
erloschene Augen, kalter Rauch, Krater, schreckliche Leere, tote
Augen, - zweifellos ungewöhnlich negative Vorstellungen angesichts
des Themas "Liebe". Aber offenbar sind diese Vorstellungen nur
eine Entfaltung der volkstümlichen Redewendungen "Liebe macht
blind" (Löschen der Augen) und "Liebe ist blind" (erloschene,
tote Augen). Ist dies nun eine einseitig-negative oder sogar
destruktive Akzentuierung des Themas? Zunächst müßte man darauf
hinweisen, daß ein Autor der Gegenwart angesichts der ungeheueren
Trivialisierung des Themas in Schlagern, Trivialromanen, Shows
usw. mit Recht eine Seite akzentuiert, die ein gegensätzliches
Problembewußtsein schaffen kann, das gegenüber der romantischen
Harmonisierungssucht den Ernst des Themas wieder zurückgewinnen
kann. Es darf ferner nicht die vorletzte Zeile übersehen werden,
deren Endstellung auch etwas über ihre Bedeutung im Text aussagt.
Das Zitat aus dem Korintherbrief erinnert ja wie nebenbei an den
fundierenden und universalen Stellenwert von Liebe, der auf all
die vorher gemachten Aussagen zurückwirkt. Auch hier: das Negative schlägt in das Positive um, man muß ihm nur eine Weile stand-
halten.

8. <u>Die Eigentümlichkeit der ästhetischen Darstellung in literarischen Texten wird u.a. durch die beiden Begriffe "Konkretion"
und "Komplexität" angedeutet.</u>

Literatur ist immer konkret, d.h. sie spricht nicht über den
Menschen in abstrakten Begriffen, wie es die Wissenschaft tut,
sondern erzeugt durch die Gesamtheit ihrer Textkonstituenten,
ästhetische Sinngebilde, an denen der Textsinn erfaßt werden,
aber nicht in einer vom Gebilde abgelösten Begrifflichkeit ausgesagt werden kann. Was Dichtung über den Menschen zu sagen hat,
kann nur durch Dichtung selbst erfahren und rezipiert, aber nicht

in eine ein für allemal gültige Begriffssprache umgesetzt werden.

Notwendig für das Verstehen ästhetischer Texte ist deshalb eine
Übung im "konkreten Sehen"[11], die das genaue Korrelat zu der
Fähigkeit des abstrakten Denkens ist, auf die in der Ausbildung
so viel Wert gelegt wird. Unter "konkretem Sehen" ist eine
decodierende und textstrukturierende Fähigkeit des Rezipienten
zu verstehen, das Entdecken und Wahrnehmen der Textkonstituenten
und der Textebenen in ihrem relativen Eigenwert und in ihrer
Funktionalität für die Sinnkonstituierung. Konkretes Sehen ist
polyperspektivisch und den einschränkenden sozial-pragmatischen
Erwartungsschemata des Rezipienten entgegengesetzt. Es bewirkt
die Rückverwandlung des Konkret-Wirklichen, wie es am Text wahr-
genommen wird, in den Raum des allgemein Möglichen menschlicher
Sinnerfahrungen.

Anders als die Wissenschaft stellt die Literatur des Menschen
grundsätzlich in der Totalität seiner Lebensbezüge dar, also
komplex. Sie macht keine Aussagen über ihn unter bestimmten
sachlichen Gesichtspunkten unter Ausklammerung aller anderen,
wie es z.B. die Medizin, die Biologie, die Psychologie, die
Soziologie usw. tun. Das widerspricht nicht der oben angeführten
Aspekthaftigkeit der dichterischen Erfahrungen. Die Aspekthaftigkeit ergibt sich aus der konkreten Situation, aber die
konkrete Situation ist immer komplex. Beobachtungen und Sinn-
deutungen, Faktisches und Metaphysisches gehen ineinander über
und zeigen den Menschen in der unauflöslichen, vielfältigen
Verflochtenheit seiner Lebensbedingungen. Das soll noch einmal
an einem kurzen Text von Peter Bichsel[12] erläutert werden.

Erklärung

Am Morgen lag Schnee.
Man hätte sich freuen können. Man hätte Schneehütten
bauen können oder Schneemänner, man hätte sie als Wäch-
ter vor das Haus getürmt.

Der Schnee ist tröstlich, das ist alles, was er ist - und er
halte warm, sagt man, wenn man sich in ihn eingrabe.
Aber er dringt in die Schuhe, blockiert die Autos, bringt
Eisenbahnen zum Entgleisen und macht entlegene Dörfer
einsam.

Der Text beginnt wie eine Erzählung. "Am Morgen lag Schnee".
Wenn man die dadurch evozierte Erwartungshaltung weiter verfolgt,
könnte jetzt von einem Tag berichtet werden, der mit dem Schnee
am Morgen begann. Statt dessen stellt der Verfasser aber Reflexionen an über das, was man hätte tun können. Reflexionen im Kon-
junktiv, die positive menschliche Reaktionen auf den Schnee,
Möglichkeiten der Freude und des Spiels enthalten.

Der nächste kurze Abschnitt - ein Satz - wechselt zum Indikativ,
macht aber immer noch vorsichtig positive Aussagen über das
Tröstliche, das der Schnee bringt, und über eine pragmatische
Nützlichkeit: er kann - wie man sagt - sogar warmhalten. Mit
dem "Aber" des letzten Abschnitts dringt jedoch eine stark
pragmatische negative Betrachtungsweise durch, eine Betrachtungsweise im Indikativ-Präsenz, die feststellt, was <u>ist</u>. So lebt der
Text aus der Spannung dieser unerfreulichen Feststellungen zu
den positiven Möglichkeiten, die der Mensch hätte, die als Möglichkeiten aber erst realisiert werden müssen, um ein wirkliches
Gegengewicht gegen den letzten Abschnitt zu sein.

Was teilt der Text mit? Konkrete Erfahrungen, die man konkret
sehen, in der Phantasie verlebendigen muß, wenn ihre Qualität
erfaßt werden will: Schneemänner, Schneehütten, Schneehöhlen,
nasse Schuhe, eingeschneite Autos, entgleiste Eisenbahnen, ab-
geschnittene Dörfer. Er teilt ferner mit das komplexe Miteinander von positiven und negativen Erfahrungen, von Möglichkeit
und Wirklichkeit, er enthält Impulse, ohne daß ein Wort darüber
gesprochen würde, die spielerischen Möglichkeiten des Umgangs
mit dem Schnee auch zu realisieren, das mögliche Gegengewicht
zur negativen Auswirkung des Schnees auch in die Waagschale zu
werfen: Aspekthaftigkeit zwar, aber Konkretion und Komplexität

zugleich.

<u>Zusammenfassend</u> kann gesagt werden, daß die eigentliche Leistung
literarischer Texte zum Verständnis des Menschen zu liegen
scheint:

a) im Aufweis menschlicher Möglichkeiten und damit menschlicher
   Freiheit;

b) im Aufweis der Bedingungen menschlicher Möglichkeiten und
   damit der Grenzen der Freiheit - vor allem auch im Aufweis
   menschlicher Unzulänglichkeiten und menschlichen Scheiterns;

c) im Aufweis der unauflöslichen Komplexität des konkreten
   Lebens, das durch wissenschaftliche Darstellung nur je iso-
   liert nach unterschiedlicher Gegenständlichkeit erfaßt wird;

d) in der Kritik an einem rekurrenten, geläufigen Sinnverständnis, in der Zerstörung der Automation der Wahrnehmung durch
   Verfremdung in der Aufhebung einseitiger Erwartungsschemata
   und Ideologien.

<u>Anmerkungen:</u>

1. Brecht, B. Gesammelte Werke, Frankfurt 1967 Bd. 10

2. Mörike, Eduard, Gesammelte Werke in zwei Bänden,
   Bielefeld 1958

3. Beit, Hedwig von, Das Märchen, München 1965
   Bettelheim, Bruno, Kinder brauchen Märchen, Stuttgart 1977

4. Hahn, Friedrich, Bibel und moderne Literatur, Stuttgart 1966

5. Lessing, Gotthold E., Sämtliche Werke, (Fabeln, Zweites
   Buch), Berlin o.J.

6. Brecht, B., s. 1.

7. Brecht, B., s. 1.

8. Kafka, Franz, Erzählungen, Berlin 1967

9. Meyer, Conrad F., Sämtliche Werke, München 1951

10. Bachmann, Ingeborg, Gedichte, Erzählungen, Hörspiele,
    Essays, München 1964

11. Schmidt, Siegfried, J., Ästhetizität, München 1971, S. 19 ff.

12. Bichsel, Peter, Eigentliche möchte Frau Blum den Milchmann
    kennen lernen, Olten 1966

Hans Otto K n a c k s t e d t

Aussagen katholischer Theologie zum Menschenbild

Vorbemerkung:

Der folgende Beitrag verzichtet auf Anmerkungen und Verweise.
Der kundige Leser wird bald merken, wie viel der Verfasser vor
allem den Arbeiten von Romano GUARDINI, Karl RAHNER, Michael
SCHMAUS, Rosef RATZINGER und Walter KASPER verdankt. Daß die
Ausführungen skizzenhaft und fragmentarisch bleiben, liegt an
der Veranstaltung, für die sie verfaßt wurden. Der Verfasser
ist sich bewußt, daß besonders die Bedeutung von Gemeinde und
Kirche im Zusammenhang des Themas stärker beachtet werden könnte.

I.

Theologie ist eigentlich "Rede" oder "Lehre von Gott".
Was hat sie mit dem Menschen zu tun?

1. Darauf läßt sich antworten: Es sind Menschen, die Theologie
    betreiben, die sich um reflektierendes, methodisch geleite-
    tes Erkennen, Erhellen und Entfalten dessen, was es um Gott
    ist, bemühen.
    Dabei bringen sie sich selbst ins Spiel. Sie zeigen sich als
    solche, die die Frage nach Gott stellen können und stellen,
    die also ein wie immer geartetes Vorverständnis von "Gott"
    haben.
    Aufgrund der Tatsache, daß der Mensch Theologie treibt, las-
    sen sich also eine Reihe von Aussagen über den Menschen ma-
    chen, etwa über die Tatsache und Art seines Fragens, über
    Voraussetzungen, die er macht, wenn er diese Wissenschaft be-
    treibt, über Methoden, die er anwendet ... kurz: über sein
    Verhalten, durch das und in dem er sich selbst darstellt.

    Aber solche Aussagen über den Menschen sind auch möglich,
    wenn er andere Forschungsgegenstände angeht, etwa in der
    Psychologie, der Politologie, der Philosophie und der Biolo-
    gie. Es handelt sich also kaum um spezifisch theologische
    Aussagen und schon gar nicht um Aussagen katholischer Theolo-
    gie zum Bild vom Menschen.

2. Theologie hat es mit dem Menschen auf eine andere, eigene
Weise zu tun.
Mit der Frage nach Gott stellt sie implizit die Frage nach
dem Menschen. In der Frage nach Gott ist die Frage nach dem
Menschen enthalten. Die Antwort auf die Gottesfrage ermög-
licht und impliziert Aussagen über den Menschen, über das
Menschenbild. Sie "definiert" in gewisser Hinsicht auch den
Menschen.

II.

Allerdings ändern die Frage nach Gott und die Antwort darauf
nicht die von der Erfahrung erwiesenen Tatsachen, die den
Menschen betreffen.

1. Der Mensch denkt über sich nach. Er will wissen: Wer bin ich;
was kann ich; was ist es um mich als Einzelmenschen, und was
hat es auf sich mit der Gesamtmenschheit. Er findet sich ja
vorgegeben als dieser einzelne Mensch und sieht sich zugleich
einbezogen in die ebenso vorgegebene Menschheit. Er erfährt
sich als Einzelnen, "einsam", und ist zugleich auf Gemeinsam-
keit, sozial bezogen. Er bedarf der Gemeinschaft, gerät aber
leicht in Gefahr, darin unterzugehen. So sieht er sich in
eine Spannung gestellt, die er ausgleichen, für die er eine
Lösung finden möchte.

2. In allen seinen Strebungen liegt der Mensch sich immer voraus
und holt sich nicht ganz ein. Stets bleibt er offen und über-
holbar, obwohl er sich ständig einzuholen versucht.
Dabei erfährt er sich als geschichtlich, also eingebunden in
eine ganz bestimmte Lebens-Zeit, in einen bestimmten Raum,
eine bestimmte Familie, einen Staat, ein Volk, eine Kultur,
eine Wirtschaft, eine Menschheit, ohne diese Gegebenheiten
aufheben zu können.
Um die vorgefundene Begrenztheit zu überschreiten, versucht
der Mensch immer neue Interpretationen und Entwürfe für sich
selbst und für die Gesellschaft und die Menschheit.

3. Aber trotz unablässiger Bemühungen will es dem Menschen
   nicht gelingen, Katastrophen und Unglücksfälle zu vermeiden,
   und Ungerechtigkeit, Not, Unterdrückung, Ausbeutung, Neid,
   Haß, Mord, Leid, Lieblosigkeit und Schuld zu beseitigen.
   Immer neue, auch kollektive Versuche von Wissenschaft oder
   Revolution scheitern. Der einzelne sieht sich selber in die-
   se Wirrsal verstrickt und stellt fest, daß er durch eigenes
   Versagen zu dieser Verstrickung beiträgt.
   Diese Situation des Menschen und der Menschheit wird als ein
   Zustand der "Entfremdung" empfunden, der durch "Befreiung"
   des einzelnen wie der Menschheit zu sich selbst aufgehoben
   werden müßte.

   Was kann da Theologie helfen?

III.

Die Theologie stößt bei ihrem Bemühen um Antwort auf die Gottesfrage auf den Menschen Jesus von Nazareth. In seinem Leben und
seinem Wirken findet sich eine eigenartige und einzigartige Antwort auf die Frage nach Gott, und gerade diese Antwort auf die
Frage nach Gott ist höchst bedeutsam für die Erhellung der Frage
nach dem Menschen.
Theologie, die sich auf diesen Jesus von Nazareth einläßt und
die Aussagen und Tatsachen reflektiert, die durch ihn und mit ihm
gegeben sind, kommt zu neuen bedeutsamen Aussagen über den Menschen und seine Situation.
So kann sie - letztlich von Jesus dem Christus her - Antwort
geben auf die Grundfrage des Menschen nach sich selbst, nach dem,
was es um ihn und um die Menschheit insgesamt ist.

Der Mensch ist sich nicht nur vorgegeben, er wird sich auch
ständig gegeben, in jedem Augenblick sozusagen neu gegeben
durch den anwesenden, bleibend wirkenden, verstehenden und
liebenden Urgrund: Gott. Der Mensch ist angemessenes dh.
bejahtes Geschöpf des liebenden Gottes.

Mit Recht strebt der Mensch danach, sich selbst einzuholen, sich
zu entfalten zum vollen Menschsein, sich ganz zu verwirklichen und
die Gesellschaft zu vermenschlichen. Seine diesbezüglichen Versuche
zeigen das erforderliche, geforderte und berechtigte Streben nach
Emanzipation im Sinne wahrer Freiheit, d.h. ungehinderter, dem
Menschen entsprechender Selbstverwirklichung.
Der Mensch ist das ernstgenommene, in Freiheit gesetzte Geschöpf
Gottes, das in individueller wie sozialer Hinsicht sich selbst
aufgegeben bleibt.
Im Widerspruch dazu steht die Erfahrung, nach der eine vorgefundene "Entfremdung" den Menschen bedrängt, die allem Bemühen nach
Befreiung widersteht. Hier liegt nach Aussage der Theologie eine
vom Menschen schuldhaft verursachte Gesamtsituation vor, der der
einzelne passiv und aktiv ausgeliefert ist. Die Menschheit ist von
der Sünde und ihren Auswirkungen gezeichnet und ihnen verfallen,
und jeder Mensch ist gescheiterter Sünder.

Dieser bedrückenden Aussage wird sofort ein Pendant an die Seite
gestellt: Es gibt ein umfassendes Angebot der "Emanzipation", der
Befreiung, sowohl für den einzelnen Menschen wie für die gesamte
Menschheit. Der Urgrund der Welt und des Menschen: Gott, erschafft
nicht nur, sondern befreit auch den Menschen und die Menschheit.
Der Mensch ist zwar sündiges, aber auch befreites, d.h. erlöstes
Geschöpf Gottes.
Die genannte Befreiung ist von Gott her grundsätzlich geschehen,
endgültig zugesagt und unwiderruflich ermöglicht im geschichtlich
greifbaren Menschen Jesus von Nazareth.

Durch den Kreuzestod und die Auferstehung Jesu schenkt Gott in
Jesus dem Menschen die Freiheit und eröffnet ihm die Möglichkeit,
sich selbst einzuholen, sich zu verwirklichen. Mehr noch: dem
befreiten, erlösten Menschen gibt Gott die Chance, über sich
hinauszuwachsen, sich sozusagen zu überholen und vollendet zu
werden in einer unausdenkbaren Lebensgemeinschaft mit Gott.

Der auferstandene Jesus von Nazareth setzt als der Christus einen
unaufhaltsamen Befreiungsprozeß in Gang, in dessen Ablauf jeder
Mensch und die Menschheit sich heute befindet. Zugleich mit diesem
Prozeß begann bereits die neue Gemeinschaft der Menschen in der
Menschheit: die Gemeinde, die Kirche Jesu Christi. Sie trägt kraft
des Geistes Jesu den Befreiungsprozeß weiter.

Im Ausgang der Geschichte erreicht die Menschheit als ganze einen
Zustand der Vollendung, in dem die Spannungen zwischen Individuum
und Gesellschaft gelöst und aufgehoben sind. Diesen Zustand der
vollkommenen endgültigen Gemeinschaft kann das Bemühen der Menschen allein aus sich selbst heraus nicht schaffen. Gott durch
Jesus Christus führt ihn herauf samt dem neuen Himmel und der
neuen Erde.

Im Hinblick auf die neue Lebensgemeinschaft mit Gott kann und muß
sich der einzelne Mensch selbst entscheiden. Zwar ist sie für die
Menschheit als solche vorgegeben, aber sie wird dem einzelnen
Menschen nicht übergestülpt. Der Mensch bleibt freier Partner
Gottes, von ihm ernst genommen und in die persönliche Entscheidung
gestellt.

Der Einsatz des Menschen, der sich auf die angebotene Partnerschaft mit Gott einläßt und sich nicht verweigert, ist nicht um-
sonst, selbst wenn er zunächst scheitern sollte. Seine Mitwirkung
und sein Mühen bei der Ausgestaltung menschlicher Gemeinschaft und
Gesellschaft und dem Streben nach Vermenschlichung der Welt stellen einen Beitrag dar, der aufgegeben ist und einbezogen wird im
Hinblick auf die Vollendung von Mensch und Welt, wie Gott sie
will und herbeiführt.

In dieser Vollendung des Menschen und seiner Welt geht der einzelne nicht unter. Im Tode sinkt er nicht unabänderlich zurück ins
Nichts. Sterben und Tod bedeutet den Übergang in eine neue Existenzweise. Diese läßt sich nur unangemessen und andeutungsweise
darstellen, wie es bei allen entgrenzenden Erfahrungen und Begeg-
nungen der Fall ist. Hier hilft nur die bildliche und dichtende
Sprache weiter, wie sie sich in der Schrift des Alten Testamentes
und Neuen Testamentes findet.

Erstling und Garant der neuen Existenzweise ist der vollendete
Mensch Jesus Christus in der Herrlichkeit Gottes des Vaters.

IV.

Das eben Dargestellte läßt sich auch auf eine andere Weise sagen.
Katholische Theologie zeigt den Menschen in einem umgreifenden
Existential, d.h. einer seinem Leben vorausliegenden und es bestim-
menden Wirklichkeit, die er nicht auslöschen kann. Man kann sie
etwa so beschreiben:
Der Mensch tritt in eine Welt und eine Menschheit ein, die von
dem unbegreiflichen Geheimnis: Gott, ins Dasein gesetzt und in
Liebe angenommen wird und ist. Dieses Angenommensein ist endgültig
und unwiderruflich in Erscheinung getreten, bestätigt und garan-
tiert durch und in Jesus Christus, in dem Gott selbst sich zeigt
und mitteilt. Die Welt und die Menschheit sind zuinnerst durch
diese Annahme von seiten Gottes bestimmt und werden durch Gottes
Geist zur Vollendung geführt.
Da die Vollendung erst kommt, steht der Mensch in einer Situation
des "immer schon" und "noch nicht". Die Ambivalenz seines Lebens
und des Geschehens in der Welt mit ihren Schrecken und Ungeheuer-
lichkeiten ist deshalb nicht aufgehoben. Sie kann sich sogar noch
verstärken, und die Widersprüchlichkeiten können noch krasser her-
vortreten. Die Freiheit und Selbstbestimmung des Menschen sind
nämlich in dem Existential nicht aufgehoben. Im Gegenteil, die
Partnerschaft zu Gott bedeutet Freiheit. Ja, gerade die Liebe, mit
der Gott den Menschen annimmt, konstituiert dessen Freiheit und
ruft sie heraus.

So wenig der Mensch das Existential abschaffen kann, so sehr vermag er am Aufbau oder an der Zerstörung der Welt, der Menschheit
und seiner selbst tätig zu sein und zur Vollendung oder zum Untergang beizutragen. Mit der Entscheidung für die befreite Befreiung
oder gegen sie wird er sich vollenden oder zerstören.

Katholische Theologie verschweigt nicht, daß die Verwirklichung des Menschseins, daß die Befreiung, die Emanzipation auf eine paradoxe oder wenigstens so erscheinende Weise geschieht. Sie weist auf das Schriftwort hin: "Wer sein Leben retten will, wird es verlieren, wer es aber verliert um meinetwillen, wird es finden" (Mt. 16, 25 p). Es geht also um eine radikale Drangabe des Egoismus, um ein übermenschlich erscheinendes Maß an Liebe. Menschen, in denen sich diese Liebe durchsetzt, verwirklichen menschliche Größe in der Hingabe ihrer selbst und zeigen die Fülle des Menschseins an. In ihnen und in der Wirkung, die von ihnen ausgeht und die Liebe in vielen anderen wachruft, tritt etwas von dem Prozeß der Vollendung der Welt durch die Liebe Gottes zutage. Diese Liebe wird sich durchsetzen und die Welt vollenden.

V.

Bei ihren Aussagen zum Bild vom Menschen ist katholische Theologie sich der Voraussetzungen bewußt, die sie macht. Dazu gehören die historische Existenz des Menschen Jesus von Nazareth ebenso wie die Schriften des Alten und Neuen Testamentes, die die maßgebende Grundlage der Aussagen bilden. Die Norm des Schriftverständnisses findet sie in dem lebendigen Verstehens- und Auslegungsprozeß, der in der Gemeinschaft der Gläubigen, d.h. der Kirche vor sich geht. Dieser Prozeß artikuliert und aktualisiert sich ggf. im Konzil und im Lehramt. Natürlich wird auch die angemessene subjektive Einstellung des Theologen vorausgesetzt, die den sachgemäßen Zugang zum Gegenstand ermöglicht. Das ist hier der Glaube, d.h. das Offensein für den Urgrund, der sich eröffnet, nämlich für Gott.

Mit ihren Aussagen will und kann katholische Theologie angesichts der vielen Probleme, die die Situation der Menschen heute aufweist, keine Patentlösungen geben, schon gar nicht im Sinne eines geschlossenen Systems. Sie weiß sehr wohl, daß sie die Autonomie der Wissenschaftsbereiche ernst zu nehmen hat und die gesicherten Ergebnisse dieser Bereiche berücksichtigen muß. Deshalb behauptet sie auch nicht, "vollständige" Aussagen über den Menschen zu

machen. Wie jede Wissenschaft bringt sie ihren Aspekt ein, und bei
den Darlegungen dieses Aspektes steht sie außerdem unter den Bedingungen der Geschichte.
Andererseits darf man nicht übersehen, daß katholische Theologie
nicht einen nebensächlichen Beitrag leistet, sondern einen Grundaspekt einbringt. In diesem Sinne kann und will sie ihren Beitrag
als "grundlegend" und "umfassend" verstanden wissen. Dabei betont
sie, daß der eingebrachte Grundaspekt aus sich heraus einzigartig
anspruchsvoll erscheint.

Deshalb sieht sich katholische Theologie zu ihrem Beitrag verpflichtet. Sie versucht mit ihren Aussagen, die Anstrengungen des
Menschen im individuellen und sozialen "Emanzipationsprozeß" zu
erhellen, zu motivieren, zu ermutigen und zu urgieren, aber auch
zu relativieren und zu kritisieren. So versteht sie ihren Beitrag
als Dienst am Menschen.

Rudolf   W i c h a r d

Zur anthropologischen Dimension einer Didaktik des politischen
Unterrichts

I. <u>Präzisierung des Themas</u>:

Ein Beitrag, der Aspekte und Überlegungen zum Bild vom Menschen in der Didaktik des politischen Unterrichts liefern
soll, muß zunächst sein Thema präzise umschreiben, um nicht
Erwartungen zu wecken, die durch die nachfolgenden Ausführungen nicht erfüllt werden können.

1. Didaktik des politischen Unterrichts beschäftigt sich -
wie jede Unterrichtsdidaktik - vor allem mit zwei Pro-
blemkomplexen: mit der Frage nach den Zielen politischen Unterrichts und mit der Frage nach den für die
Zielerreichung geeigneten Lehrstoffen.
Die anthropologische Dimension der Zielfrage ist ganz
offensichtlich: welche Ziele durch Unterricht ange-
steuert werden sollen, hängt auch davon ab, welches
"Bild" vom Menschen der Zielsetzung zugrunde liegt.

2. Die Frage nach den Zielen politischen Unterrichts eröffnet eine weitere anthropologische Dimension:
Didaktische Konzeptionen für den politischen Unterricht
werden durch wissenschaftstheoretische Vorentscheidungen
und u.U. auch durch politische Prämissen derer geprägt,
die solche Konzeptionen entwickeln. Nicht nur ihr "Bild"
vom <u>anderen</u> Menschen, dem Schüler, beeinflußt ihre Entscheidungen. Auch ihre <u>eigenen</u> Wertvorstellungen, ihre
Präferenzen für den eigenen sinnerfüllten Lebensvollzug,
gehen in solche Konzeptionen ein. Das gilt insbesondere
für die Grundfrage einer wissenschaftlich fundierten Didaktik, nämlich die Frage nach den Lehrzielen eines politischen Unterrichts. Diese Frage wird deshalb gegenwärtig auch besonders kontrovers diskutiert, während die
Frage nach den geeigneten Lehrmethoden ebenso wie die
Frage nach der Überprüfbarkeit und den Methoden der
Überprüfung des Lehrerfolgs weniger umstritten ist -
vermutlich auch deshalb, weil es hierzu noch nicht genü-
gend abgesicherte Forschungsergebnisse gibt.

3. Didaktische Konzeptionen für politische Bildung werden
   hier nur in einer Hinsicht betrachtet: hinsichtlich
   ihrer Antworten auf die Zielfrage. Diese thematische
   Eingrenzung liegt nahe, weil es vor allem die Frage
   nach den Zielen politischen Unterrichts ist, die anthropologische Dimensionen aufweist. Sie bietet sich aber
   auch deshalb an, weil diese Betrachtung durch einen
   Vertreter des Faches Politische Wissenschaft angestellt
   wird und nicht durch einen Didaktiker des politischen
   Unterrichts. Von der Politischen Wissenschaft her läßt
   sich zwar zur Zielfrage politischer Bildung argumentieren, weil das Normproblem legitimer Gegenstand aller
   sozialwissenschaftlichen Disziplinen ist. Ohne fach-
   imperialistische Anmaßung können aber von der Politischen
   Wissenschaft aus weder zum Problem der Unterrichtsmetho-
   den noch zum Problem der Evaluation des Lehrerfolgs fundierte Stellungnahmen abgegeben werden.

4. Eine weitere Eingrenzung des Themas erscheint jetzt
   noch geboten, um die Untersuchungsfrage möglichst exakt
   zu präzisieren: Für Antworten auf die didaktische Zielfrage sind sowohl Erkenntnisse über den Ist-Zustand,
   die Ausgangslage der Lehrbemühungen (anthropologische
   Realität) notwendig, als auch Aussagen über den wün-
   schenswerten Endzustand, das erstrebte Ergebnis der
   Lehrbemühungen (anthropologische Zielnorm).
   Nur die Bedingungen und Möglichkeiten zur Gewinnung
   anthropologischer Zielnormen für politischen Unterricht,
   nicht aber Erkenntnisse über die anthropologische Realität, können hier Gegenstand der Untersuchung sein.

5. Schließlich soll eine letzte Abgrenzung erfolgen:
   Die anthropologische Dimension politischer Bildung kann
   hier nicht in allen ihren möglichen Bezügen untersucht
   werden. Nur ein Bereich, in dem politische Bildung
   stattfinden soll, wird deshalb zum Gegenstand der Betrachtung gemacht: politische Bildung nur insofern,

als sie durch staatlich veranstalteten und politisch
verantworteten Unterricht über Gegenstände des Politisch-Sozialen in der Institution Schule angestrebt
wird. Politische Bildung wird hier also für die Zwecke
dieser Untersuchung operational definiert als das, was
als Ergebnis von Unterrichts- und Lernprozessen in der
staatlichen Institution Schule intendiert ist.

Das heißt nun weder, daß politische Bildung außerhalb
der staatlichen Unterrichtsorganisation nicht angezielt
werde, noch, daß die Didaktik der politischen Bildung
über Zielnormen von Bemühungen außerhalb des staatlichen
Schulwesens nichts aussagen könne. Lediglich wegen der
unumgänglichen Notwendigkeit thematischer Eingrenzung
beziehen sich die nachfolgenden Äußerungen lediglich
auf einen Teilbereich politischer Bildung, nämlich auf
politischen Unterricht in der staatlichen Schule.

Zusammenfassung: Die Untersuchungsfrage, von der die folgenden Überlegungen ausgehen, lautet daher:
Welche anthropologischen Zielnormen kann eine wissenschaftlich fundierte Didaktik der politischen Bildung als Basis
für einen lehrzielorientierten Unterricht über Gegenstände
des Politisch-Sozialen vorschlagen, sofern dieser Unterricht
als staatlich veranstalteter und politisch verantworteter
in der Institution Schule stattfindet?

II. Legitimationsverfahren zur Gewinnung anthropologischer
Zielnormen
In diesem zweiten Abschnitt sollen nun zunächst einige Wege
vorgestellt werden, auf denen versucht worden ist bzw. versucht wird, anthropologische Zielnormen für politischen Unterricht zu gewinnen. Es soll jedoch nicht dabei bleiben,
die verschiedenen methodischen Ansätze lediglich vorzustel-
len. Über die - wie zu befürchten ist - unzulängliche, aber
wegen des vorgegebenen Umfangs unumgängliche Kurzdarstellung
hinaus sollen vom Standpunkt eines Vertreters der Politischen

Wissenschaft aus zugleich die Grenzen solcher Verfahren auf-
gezeigt werden, sofern die durch sie gewonnenen Zielnormen
Verbindlichkeit für staatlich veranstalteten politischen
Unterricht innerhalb des Verfassungsrahmens des Bonner Grundgesetzes beanspruchen. Damit soll kein abschließendes Urteil
über die pädagogische Eignung solcher Verfahren überhaupt
gefällt werden. Staatlich veranstalteter Unterricht über
Politisch-Soziales ist jedoch in besonderer Weise auf Konsens und Legitimation angewiesen. Was sich für andere Unter-
richtsgegenstände als nützliches Verfahren für die Gewinnung
von Zielnormen erweisen mag, muß deshalb nicht auch für die
Legitimation von anthropologischen Zielnormen für staatlich
veranstalteten politischen Unterricht geeignet sein.

1. Ein insbesondere in älteren Richtlinien (vgl. z.B.
    Richtlinien 1958, 4; Richtlinien 1962, 66) - aber auch
    heute noch (Richtlinien 1973, 5 und 7) - häufig ge-
    brauchtes Verfahren zur Gewinnung von anthropologischen
    Zielnormen für politischen Unterricht ist die Legitima-
    tion durch "Konsenserschleichung". Hier werden als
    oberste Zielnorm für politischen Unterricht positiv
    wertbesetzte Begriffe gesetzt, die eben wegen ihrer
    Allgemeinheit und mangelnden Konkretion nur solange auf
    allgemeine Zustimmung stoßen, wie jeder sich alles
    darunter vorstellen darf. Ob es sich um eher "altmodi-
    sche" anthropologische Zielnormen handelt wie die "sitt-
    lich autonome Persönlichkeit", oder um so modische For-
    meln wie "Emanzipation", macht keinen wesentlichen Un-
    terschied. Solange nicht der Versuch gemacht wird, sol-
    che Leerformeln so mit Inhalt zu füllen, daß rationale
    Auseinandersetzung möglich wird, erweisen sich alle
    Versuche der Konsensbildung auf Leerformelbasis als un-
    geeignet.

2. Eng damit verwandt ist ein zweites Verfahren: die
    Legitimation durch "Wesensschau". Durch mehr oder weni-
    ger feuilletonistische Spekulationen über das Wesen des

Menschen, das Wesen der Gesellschaft und das Wesen des
Staates sollen zugleich Zielnormen für Unterricht gesetzt werden. Solche Versuche täuschen Konsens eher vor,
als daß sie ihn ermöglichen. Sie verraten in der Regel
mehr über den Sprachgebrauch des Autors als über das
"Wesen" von irgendetwas.

Dafür ein eher zufälliges und willkürlich ausgewähltes
Beispiel: "Das menschliche Wesen der Natur ist erst
da für den gesellschaftlichen Menschen; denn erst hier
ist sie für ihn da als Band mit dem Menschen, als Dasein
seiner für den andren und des andren für ihn, wie als
Lebenselement der menschlichen Wirklichkeit, erst hier
ist sie da als Grundlage seines eignen menschlichen Da-
seins ... . Also die Gesellschaft ist die vollendete
Wesenseinheit des Menschen mit der Natur, die wahre
Resurrektion der Natur, der durchgeführte Naturalismus
des Menschen und der durchgeführte Humanismus der
Natur... . Indem die Wesenhaftigkeit des Menschen und
der Natur, indem der Mensch für den Menschen als Dasein
der Natur und die Natur für den Menschen als Dasein des
Menschen praktisch, sinnlich anschaubar geworden ist,
ist die Frage nach einem fremden Wesen, nach einem Wesen über der Natur und dem Menschen - eine Frage, welche das Geständnis von der Unwesentlichkeit der Natur
und des Menschen einschließt - praktisch unmöglich geworden ..." (MEW, Erg.-Bd. 1, 1973, 536 ff.)

Dieses Zitat aus den Frühschriften von Marx steht hier
weniger wegen der Möglichkeit eines kosten- und folgen-
losen Verrisses, sondern eher repräsentativ für eine
Denkart, die nach Entschuldigungen für mangelnde Präzi-
sion sucht, eine Denkart, der "die Fruchtbarkeit eines
Denkers" sich nicht daran erweist, "daß seine Begriffe
stets akademisch exakt sind, sondern vielmehr an der
wirklichkeitserschließenden Macht seiner Kategorien und
Perspektiven." (Schulz-Hageleit 1975, 37).

Die Liste der Beispiele für eine solche Denkweise ließe
sich mühelos verlängern.

Die beiden hier kurz vorgestellten Verfahren erweisen ihre
mangelnde Eignung zur Identifikation und Legitimation anthropologischer Zielnormen für politischen Unterricht schon auf
den ersten Blick. Das hängt sicher auch schon damit zusammen,
daß sie sich verhältnismäßig weit von inhaltlicher Füllung
der Begriffe entfernt halten. Außerdem ist demokratische Kon-
sensbildung auf dieser Basis unmöglich.

3. Eine ernsthaft zu führende Auseinandersetzung wird
   eigentlich erst auf der Grundlage einer dritten Verfah-
   rensweise möglich, der Legitimation durch Repräsentation.
   Beispielhaft für einen solchen Verfahrensansatz ist das,
   was Herbart 1806 so formulierte: "Der Erzieher vertritt
   den künftigen Mann beim Knaben; folglich, welche Zwecke
   der Zögling künftig als Erwachsener sich selbst setzen
   wird, diese muß der Erzieher seinen Bemühungen jetzt
   setzen; ihnen muß er die innere Leichtigkeit im voraus
   bereiten." (Herbart 1890, 142). Oder anders gesagt: So
   wie der Erzieher der Anwalt des Kindes gegenüber den
   Erwachsenen ist, so repräsentiert er zugleich Erwachsensein gegenüber dem Kinde, weil er dem Kinde als Erwachsener gegenübertritt. Kindsein und Erwachsensein gibt es
   aber nur als Existenzweisen in einer konkreten Gesellschaft. Der Erzieher verteidigt das Recht des Kindes
   gegenüber der Gesellschaft der Erwachsenen, zugleich
   aber tritt er ihm gegenüber als der Repräsentant gesellschaftlicher Ansprüche, als Repräsentant des späteren
   Erwachsenen im Kinde.
   Nun erhebt sich natürlich sofort die Frage, wie man
   denn wissen könne, "welche Zwecke der Zögling künftig
   als Erwachsener sich selbst setzen wird". Will man sich
   nicht bloßer Spekulation widmen, so bleiben nur zwei
   Wege, um zu anthropologischen Zielnormen zu kommen:
   Eine Möglichkeit besteht darin, dem Kinde möglichst

viel von dem nahezubringen, was die Lebenswelt von
Erwachsenen heute charakterisiert, um dem späteren
Erwachsenen im Kinde eigene Zielentscheidungen zu ermöglichen. Aus dem "Universum möglicher Lehrinhalte"
(Klauer 1973, 130) soll vor allem das ausgewählt werden, was "exemplarischen" Charakter hat, was also repräsentativ ist für andere Inhalte, was Transfer auf
andere Inhaltsklassen erlaubt. Allerdings wird man
wohl - trotz mancher Möglichkeiten, durch empirische
Forschung solche Entscheidungen zu erleichtern und
besser zu begründen - nicht leicht der Gefahr entgehen,
das Faktische schon für das Normative zu halten. Ebensowenig läßt sich ausschließen, daß selbst der ernsthaft bemühte Erzieher die eigenen Wertpräferenzen für
repräsentativ hält und die eigenen Interessen für exemplarisch.
Die zweite Möglichkeit würde davon ausgehen, daß Bildung
im Sinne eigenständiger Weltorientierung heute dadurch
erschwert ist, daß Kinder nicht mehr ohne Hilfestellung
einen Zugang zur Welt der Erwachsenengesellschaft finden. Das liegt zunächst daran, daß entwickelte Industrie-
gesellschaften hochkomplexe Gefüge von Strukturen und
Relationen sind. Diese hochkomplexen Gefüge erlauben in
der Regel nur noch sehr begrenzt den unmittelbaren Zugang durch das Sammeln von Primärerfahrungen. Die Welt
der Erwachsenengesellschaft tritt dem Kinde noch dazu
fast ausschließlich durch Medien vermittelt gegenüber.
In dieser Lage versucht der Erzieher, die Lebenswelt der
Erwachsenen gegenüber dem Kinde darzustellen, zu reprä-
sentieren, und zugleich deren Komplexität ohne Realitätsverlust zu reduzieren. Genau hier liegt dann natürlich
auch das Grundproblem dieses Ansatzes: Wie macht man
das, Komplexität ohne Realitätsverlust zu reduzieren?
Weltorientierung ist auch hier nur medial - durch das
Medium Erzieher - möglich; Welt tritt sozusagen nur "ge-
brochen durch ein Temperament" dem Schüler gegenüber.
Staatlich veranstalteter politischer Unterricht aber

verträgt nur ein begrenztes Maß subjektiver Beliebig-
keit, bezogen sowohl auf die Ziele als auch auf die Inhalte des Unterrichts.

4. Einen ähnlichen Ansatz bietet das Verfahren der Legitimation durch Qualifikationen. Aus der empirischen Erfor-
schung der gegenwärtigen Lebenswelt und aus begründeten
Prognosen über die Lebenswelt der Zukunft wird hier ein
System von Qualifikationen hergeleitet, das die Schüler
in die Lage versetzen soll, mit den voraussehbaren Entscheidungssituationen ihres zukünftigen Erwachsenenlebens
möglichst gut fertigzuwerden (vgl. Robinsohn 1967). Für
die Gestaltung beruflicher Ausbildungsprogramme ist dieses Verfahren von nicht zu unterschätzendem Vorteil. Es
erlaubt eine relativ präzise Beschreibung heutiger und
zukünftiger Entscheidungssituationen und eine Festlegung
der zur Bewältigung dieser Entscheidungssituationen notwendigen Qualifikationen. Es ermöglicht die auf den Er-
werb dieser Qualifikationen gerichtete Gestaltung der
Ausbildung und die Ausarbeitung von Methoden, mit deren
Hilfe die Qualifikationen erworben werden können. Was
für die zielorientierte Anlage von Ausbildungsprogrammen
etwa für Ärzte oder für Lehrer außerordentlich hilfreich
ist, erweist jedoch seine Begrenzung, je allgemeiner die
gegenwärtigen oder zukünftigen Entscheidungssituationen
definiert werden müssen. Ein Ausbildungsprogramm für
Ärzte oder für Lehrer, das qualifikationsorientiert ist,
läßt sich leicht vorstellen. Wie aber könnte ein quali-
fikationsorientiertes Ausbildungsprogramm für Staatsbürger aussehen?
Daß der Versuch, anthropologische Zielnormen für politischen Unterricht durch die Ableitung von Qualifikationen
aus gegenwärtigen oder zukünftigen Lebenssituationen zu
gewinnen, jedenfalls bisher nicht unbestritten gelungen
ist, zeigt die heftige Diskussion um die nordrhein-westfälischen "Richtlinien für den Politischen Unterricht"
(Richtlinien 1973). Über die Frage, was "für das Leben"

wichtig ist, gibt es unter den Bedingungen heutiger gesellschaftlicher Existenz keine unmittelbare Übereinstimmung.

5. Ist die oberste Zielnorm erst einmal gesetzt (beispielsweise durch eines der anderen Verfahren), so wird die
Legitimation durch Curriculum möglich. Ein schlüssiges,
in sich stimmiges, widerspruchsfreies und zusammenhän-
gendes Ordnungssystem von Zielnormen soll sich durch
systematische Ableitung von Zielnormen niedrigerer Ordnung aus der obersten Zielnorm gewinnen lassen. Je nie-
driger die Ordnungsklasse der Zielnorm, desto konkreter
muß diese formuliert sein. Operational definiert ist
eine Zielnorm erst, wenn sie als die Differenz zwischen
Ist-Zustand und Soll-Zustand beschrieben ist, die durch
Verhaltensänderung vom Ist-Zustand aus auf den Soll-Zustand hin überwunden werden soll.

Zwei - keineswegs alle möglichen - Bedenken sollen hier
gegen ein solches Konzept vorgebracht werden. Ein streng
deduktiv gewonnenes Curriculum macht den Schüler zum
bloßen Objekt von Lehrbemühungen (vgl. Geiger 1974, 17
ff.). Politischer Unterricht als staatliche Veranstaltung steht jedoch in besonderer Weise unter der grund-
gesetzlichen Verpflichtung, Menschenwürde zu achten und
zu schützen und freie Entfaltung der Persönlichkeit zu
ermöglichen.
Diese Verpflichtung gilt auch Kindern gegenüber (vgl.
BVerfGE 24, 119, 144). Mindestens dann, wenn nicht ausgeschlossen werden kann, daß auch solche Verhaltensän-
derungen durch Unterricht angestrebt werden, die eindeutig gegen Menschenwürde und Entfaltungsfreiheit verstoßen, bleibt dieser Einwand bestehen.
Das Curriculumverfahren ist - das wäre der zweite Einwand - heute noch nicht so weit entwickelt, daß die De-
duktion von Zielnormen geringerer Ordnung aus solchen
höherer Ordnung in jedem Falle logisch zwingend - und

damit Konsens erzwingend - wäre. Noch viel größere Probleme bereitet jedoch die Zuordnung von Situationsfeldern und Inhaltsklassen zu den Zielnormen der jeweiligen Ordnung. Auch hier gibt es - wie ebenfalls die heftige Diskussion um die nordrhein-westfälischen Richtlinien zeigt - wenigstens bisher keine Übereinstimmung unter den Beteiligten.

6. Eine solche Übereinstimmung ist auch nicht zu erreichen beim Verfahren der Legitimation durch Wissenschaft. Ich weiß nicht, ob eine vollständige Übereinstimmung von individuellen Zielnormen und gesellschaftlich geltender Sinnorientierung historisch jemals gegeben war. Es ist auch nicht abzusehen, ob eine solche Identität der Zielnormen von Individuen untereinander in der Zukunft jemals ohne Zwang hergestellt wird. Gegenwärtig jedenfalls ist Homogenität individueller Zielnormen in freiheitlichen Gesellschaften nicht vorhanden.
Die Differenzierung der Wissenschaften nach Disziplinen und Richtungen ist lediglich das Spiegelbild gesellschaftlicher Zielpluralität. Die oberste anthroplogische Zielnorm ist deshalb von keiner Wissenschaft zu erwarten (vgl. v. Cube 1974, 9 ff.).

7. Eine Legitimation durch Verfahren scheint auf den ersten Blick alle die Schwierigkeiten zu umgehen, die andere Legitimationsverfahren so problematisch machen. Hier wird nämlich auf eine eigenständige Begründung von Zielnormen von vornherein verzichtet. Die Entscheidung über die obersten Zielnormen wird vielmehr den im jeweiligen politischen System für die Gestaltung des Unterrichtswesens zuständigen Institutionen überlassen.
Was zunächst wie das Ei des Kolumbus aussieht, verschiebt leider das Problem lediglich auf eine andere Ebene. Ob Parlamente oder Minister - auch ihre Kompetenz muß begrenzt sein. Jedenfalls darf nicht die Gefahr bestehen, "daß die öffentliche Schule zur zwangsweisen Umerzie-

hungsanstalt für den Nachwuchs der Minoritäten würde."
(Klauer 1973, 134). Ein Mehrheitsdiktat von Zielnormen,
wo gesellschaftliche Normidentität nicht besteht, ist
in freiheitlichen Regierungssystemen nicht weniger unzu-
lässig als der Versuch von Minderheiten, ihre Ziele für
alle verbindlich zu machen. Wo Freiheit bewahrt bleiben
soll, darf Identität der Zielnormen nicht einmal durch
Mehrheitsentscheidung erzwungen werden.

III. Politologische Prämissen anthropologischer Zielnormen
Die Frage nach der Gewinnung anthropologischer Zielnormen
für staatlich veranstalteten politischen Unterricht endgültig
und ein für alle Mal schlüssig zu beantworten, ist meines
Erachtens keiner der bisher vorgestellten Verfahrensweisen
möglich. Auch im Rahmen der hier angestellten Betrachtung
kann eine endgültige Antwort nicht angeboten werden.

Was hier zur kritischen Diskussion vorgelegt wird, sind lediglich einige Überlegungen eines Politikwissenschaftlers
zum ungelösten Normproblem des politischen Unterrichts im
staatlichen Schulwesen. Dabei werden zunächst thesenartig
Aussagen zum staatlich-gesellschaftlichen Problemfeld formuliert. Daraus sollen dann Folgerungen für den politischen
Unterricht abgeleitet werden. Richtnorm und Bezugspunkt für
Thesen und Folgerungen ist dabei das Wertsystem des Bonner
Grundgesetzes.

1.   In der Gesellschaft der Bundesrepublik gibt es keinen
     allgemeinen und umfassenden Konsens über Werthaltungen
     und Interessen. Ebensowenig gibt es eine allgemein an-
     erkannte und allgemein geltende Sinnorientierung mensch-
     lichen Daseins. Die konflikthafte Auseinandersetzung um
     Werte, Interessen und Sinnorientierung ermöglicht erst
     eine freiheitliche Existenz von Individuen in der Ge-
     sellschaft.

2. Die staatliche Organisation stellt einen formalen "Kon-
fliktregelungsmechanismus" bereit, der trotz gesellschaftlicher Wert- und Interessenpluralität ein friedliches Zusammenleben der Menschen ermöglichen soll. Zentrale politische Entscheidungen, die vom staatlichen
Willensbildungssystem produziert werden, sollen die gesellschaftliche Pluralität nicht aufheben. In einem Prozeß gewaltfreier, geregelter Konfliktaustragung soll
Konsens zwar möglich werden, doch soll die Möglichkeit
individueller Sinnorientierung auch durch Mehrheitsentscheidung nicht vernichtet werden. Der Staat findet die
gesellschaftliche Pluralität vor, "wie nämlich die Politik auch die Menschen nicht erzeugt, sondern sie von der
Natur übernimmt..." (Aristoteles 1973, 1258 a 10).

3. Das Grundgesetz normiert "eine Ordnung, die unter Aus-
schluß jeglicher Gewalt- und Willkürherrschaft eine
rechtsstaatliche Herrschaftsordnung auf der Grundlage
der Selbstbestimmung des Volkes nach dem Willen der
jeweiligen Mehrheit und der Freiheit und Gleichheit
darstellt. Zu den grundlegenden Prinzipien dieser Ordnung sind mindestens zu rechnen: die Achtung vor den im
Grundgesetz konkretisierten Menschenrechten, vor allem
vor dem Recht der Persönlichkeit auf Leben und freie
Entfaltung, die Volkssouveränität, die Gewaltenteilung,
die Verantwortlichkeit der Regierung, die Gesetzmäßigkeit
der Verwaltung, die Unabhängigkeit der Gerichte, das
Mehrparteienprinzip und die Chanchengleichheit für alle
politischen Parteien mit dem Recht auf verfassungsmäßige
Bildung und Ausübung einer Opposition." (BVerfGE 2,1)
Die Verpflichtung der staatlichen Institutionen auf diese Grundsätze soll dafür sorgen, daß die Freiheit individueller Sinnorientierung und die Pluralität von Wertpräferenzen in der Gesellschaft auch institutionell ge-
sichert bleiben. Durch die grundrechtlich gesicherte
Gewissensfreiheit und Meinungsfreiheit soll der Spielraum möglicher Wertentscheidungen für Individuen und

Gruppen mindestens solange unbegrenzt bleiben, wie nicht
einzelne oder Gruppen gewaltsam ein Monopol der Sinndeutung für alle erstreben, indem sie das freiheitsbe-
wahrende Spielregelsystem des Grundgesetzes außer Kraft
zu setzen trachten.
Das Wertsystem des Grundgesetzes, "das seinen Mittelpunkt in der innerhalb der sozialen Gemeinschaft sich
frei entfaltenden Persönlichkeit und ihrer Würde findet,
muß als verfassungsrechtliche Grundentscheidung für alle
Bereiche des Rechts gelten; Gesetzgebung, Verwaltung und
Rechtsprechung empfangen von ihm Richtlinien und Impulse" (BVerfGE 7; 198, 205). Diese Wertordnung wird - mit
für die staatlichen Institutionen bindender Wirkung -
durch das Bundesverfassungsgericht ausgelegt, das gegenüber den staatlichen Institutionen das Monopol verbind-
licher Verfassungsinterpretation ausübt.

IV. Folgerungen für anthropologische Zielnormen von Schule und
politischem Unterricht

1. Für die Schule - soweit sie als öffentliche Institution
unter staatlicher Verantwortung steht - ergibt sich
daraus zunächst eine negative Aufgabenbegrenzung: Die
Achtung vor der Individualität der Schüler verbietet
Manipulation und Indoktrination durch staatlich veranstalteten Unterricht. Positiv gewendet: Unterricht darf
Sinndeutung nicht monopolisieren, muß vielmehr individuelle Sinnorientierung ermöglichen. Denn: "Eine Verfassung, welche die Würde des Menschen in den Mittelpunkt ihres Wertsystems stellt, kann bei der Ordnung der
zwischenmenschlichen Beziehungen grundsätzlich niemandem
Rechte an der Person eines anderen einräumen, die nicht
zugleich pflichtgebunden sind und die Menschenwürde des
anderen respektieren." (BVerfGE 24; 119, 144). Der Re-
spekt vor der Menschenwürde des Schülers verpflichtet
die Schule zu totalem Indoktrinationsverbot, um ihm
die Möglichkeit zu eigenständiger Sinnorientierung nicht

zu verstellen.

2. Die staatliche Schule darf nicht selbst ein Instrument
    der gesellschaftlichen Veränderung sein wollen. "System-
    stabilisierung" oder "Revolution" ist für staatliche
    Schule die falsche Alternative. Weder das eine noch das
    andere ist ihre Aufgabe. Der Unterricht in staatlichen
    Schulen muß vielmehr für alle Betroffenen zumutbar blei-
    ben (vgl. BVerfGE 4; 7, 15 ff.). Nicht zumutbar aber
    wäre "eine zwangsweise gemeinsame Schule mit weltanschau-
    lich-politischer Ausrichtung, die die "Missionierung" der
    Andersdenkenden erzwingen will". (Klauer 1973, 136).
    Das gilt natürlich insbesondere für solchen Unterricht,
    in dem es um Sinn- und Wertfragen geht. Es sollte aber
    darüber nicht vergessen werden, daß es für die Ziele von
    Unterricht über andere Gegenstände auch in unserer Ge-
    sellschaft noch einen breiten und ausreichend tragfähi-
    gen Basiskonsens gibt.

3. Im politischen Unterricht stehen aber gerade Fragen der
    Sinn- und Wertorientierung zur Diskussion. Sofern er in
    öffentlichen Schulen unter staatlicher Verantwortung er-
    teilt wird, gilt die allgemeine Bindung staatlicher In-
    stitutionen an den Ordnungsrahmen und das Wertsystem des
    Bonner Grundgesetzes auch hier. Anthropologische Ziel-
    normen politischen Unterrichts müssen also auf ihre Über-
    einstimmung oder mindestens auf ihre Vereinbarkeit mit
    dem Normensystem des Grundgesetzes befragt werden. Ein
    begründetes Urteil darüber ist im Einzelfalle sicher
    nicht immer leicht zu fällen. Es wäre aber die Aufgabe
    einer politologisch fundierten Didaktik des politischen
    Unterrichts, Zielnormen auf ihre Vereinbarkeit mit dem
    Wertsystem des Grundgesetzes zu überprüfen.

4. Hier soll ansatzweise der Versuch gemacht werden, zu-
    nächst negativ zu bestimmen, welche Zielsetzungen wegen
    eines Verstoßes gegen grundlegende anthropologische

Zielnormen des Grundgesetzes in staatlichen Schulen mit
Sicherheit nicht verfolgt werden dürfen:

a) Schüler dürfen nicht für fremdgesetzte politische
Ziele eingespannt werden, schon gar nicht gegen ihren
Willen. Das verstößt gegen die Pflicht des Staates,
die Menschenwürde seiner Bürger zu achten und zu
schützen. Im Unterricht unter staatlicher Verantwortung darf deshalb nicht in einer Form zu politischem Handeln, zu politischer Aktion, aufgerufen werden, die einer Nötigung nahekommt.

b) Im politischen Unterricht dürfen Meinungen und Wertungen - auch nicht die angeblich "richtigen" - nicht
in einer Weise "missionarisch" vertreten werden, die
eine persönliche und auf individueller Entscheidung
beruhende Sinnorientierung erschwert oder gar unmöglich macht. Das wäre eine unzumutbare Einengung
grundgesetzlich verbürgter Entfaltungsfreiheit. Leider
sind Ansätze zu einem solchen missionarischen Absolu-
tismus in neueren Richtlinien und in einigen Schul-
büchern unverkennbar.

c) Staatlich veranstalteter politischer Unterricht darf
sich als Basis seiner Gestaltung nicht nur eines
wissenschaftstheoretischen Ansatzes bedienen. Bei der
Problemfeldanalyse dürfen die unterschiedlichen Werthaltungen und Interessenstandpunkte nicht einseitig
ausgewählt und zum Gegenstand der Betrachtung gemacht
werden.
Für die angestrebte Urteilsbildung der Schüler darf
die Entscheidungssituation auch nicht dadurch von
vornherein vorstrukturiert werden, daß vorschnell
moralische Wertungen eingeführt werden. Das geschieht
beispielsweise schon dadurch, daß bestimmte Interessenstandpunkte von Anfang an dadurch unter Verdacht
gestellt werden, daß unterstellt wird, es gehe ihnen

nur um Verteidigung überholter Privilegien. So wird
beispielsweise durch die in einem Schulbuch sich ständig wiederholende Scheinfrage "Wem nützt - wem schadet das?" den Schülern nahegelegt, ein Problemfeld von
vornherein ausschließlich von einem Interessenstand-
punkt aus zu analysieren. (George/Hilligen 1971, 9 und
passim). Denn hier liegen die Antworten auf solche
Scheinfragen von vornherein fest. Dazu ein Zitat zum
Problem der Schulreform: "Auch heute noch gibt es
Gruppen, die zwar daran interessiert sind, daß Schüler viel Mathematik lernen, aber nicht daran interessiert sind, daß Schüler lernen, wie sie nach ihren
eigenen Interessen fragen können. Welche Gruppen
könnten das sein?" (George/Hilligen 1971, 56). Eine
solche vorschnelle Moralisierung der Analyse (die
"Guten" hier, die "Bösen" da) kann jedoch zur Anwendung eines schlichten Freund-Feind-Schemas als einzi-
gem Analyseinstrument führen. Eine solche "Parteilich-
keit" politischen Unterrichts steht aber im Widerspruch zur grundgesetzlich garantierten Gleichbe-
rechtigung bei der Vertretung von Werthaltungen und
Interessenstandpunkten. So gestalteter Unterricht in
öffentlichen Schulen widerspricht der Verpflichtung
staatlicher Institutionen auf die Normen des Grundgesetzes. Nur der Klarheit halber sei nochmals gesagt,
daß damit natürlich nicht totaler Wertabstinenz des
Unterrichts das Wort geredet wird. Natürlich dürfen
Schüler und Lehrer ihre Wertentscheidungen im Unterricht offenlegen. Was dagegen nicht als erlaubt angesehen werden kann, ist der Anspruch eines Wertungsmo-
nopols von einem Standpunkt aus.
Dieser Versuch einer Negativabgrenzung der Zielorien-
tierung politischen Unterrichts ist sicher nicht vollständig und sicher auch noch nicht vollkommen ausge-
arbeitet. Es scheint aber heute manchmal fast wichtiger, einmal gründlich zu untersuchen, was staatliche
Schule nicht darf, als darüber zu diskutieren, welche

Ziele sie verfolgen sollte.

5. Dennoch soll hier nun auch noch kurz darüber nachgedacht werden, welche positiven Zielnormen sich aus der Bindung staatlich veranstalteten politischen Unterrichts an das Wertsystem des Bonner Grundgesetzes gewinnen lassen könnten.

a) Hier wird zunächst für ein ganz bescheidenes Programm des politischen Unterrichts plädiert. Der verbissene Kampf um didaktische Konzeptionen scheint auf einer grandiosen und - nach der gegenwärtigen Forschungslage - durch nichts gerechtfertigten Überschätzung der Effektivität politischen Unterrichts für politische Sozialisation zu beruhen. Ob aus dem Schüler jemals ein "mündiger Staatsbürger" wird, darauf hat politischer Unterricht einen meiner Ansicht nach nur recht begrenzten Einfluß. Von dem Dreischritt "sehen - beurteilen - handeln" scheint mir der erste Aspekt von der Didaktik des politischen Unterrichts bisher am meisten vernachlässigt worden zu sein. Statt Politisierung um jeden Preis - unter dem Motto: "Alles ist politisch", vom Kauf des Kinderwagens oder der Krawatte bis zur Atombombe - und statt Polarisierung der Standpunkte in einem starren Freund-Feind-Schema ("Wem nützt - wem schadet das?") täte dem politischen Unterricht etwas mehr Enthaltsamkeit beim Beurteilen und beim Handeln sicher gut - und zwar zugunsten einer sozialwissenschaftlichen Methodenlehre, die in elementarer Form zunächst einmal den Versuch machte, Instrumente der angemessenen Wirklichkeitserkenntnis zu vermitteln. Mit einer solchen Polarisierungsaskese würde für die Persönlichkeitsentwicklung der Schüler und die Bewahrung der Menschenwürde für alle sicher eine wichtige Voraussetzung geschaffen.

b) Sie ermöglichte es den Schülern zugleich, kritische
Distanz gegenüber allen Anforderungen zu vorschnellem
Urteil - zum Vorurteilen wie zum Verurteilen - zu bewahren, und ebenso kritische Distanz gegenüber eigenen
Wertungen und Interessen zu gewinnen. Individuelle
Freiheit zeigt sich eben auch in der Fähigkeit zu
selbstkritischer Distanz. Und kollektive Freiheit -
als Freiheit der Gruppen in unserem Staat - kann nur
bewahrt werden, wenn auf Verteufelung und Diffamierung
Andersdenkender verzichtet wird. "Die freiheitliche
Demokratie setzt ... voraus, daß im politischen Bereich die Möglichkeit eines "relativen Vernunftge-
halts" aller politischen Meinungen anerkannt und die
Vereinfachung der Auseinandersetzungen durch Diskre-
ditierung der gegnerischen Anschauungen und wirkliche
Unterdrückung vermieden wird." Sie ist ein "System
geistiger Freiheit und Toleranz, geduldiger Reformar-
beit und fortwährender Auseinandersetzung mit anderen
grundsätzlich als gleichberechtigt angesehenen Auffassungen". (BFerfGE 5; 85, 206 f.).

c) Eine sozialwissenschaftliche Methodenlehre als Basis
politischen Unterrichts stellte schließlich auch Möglichkeiten zur Einübung in eine wichtige Fähigkeit
bereit: die Fähigkeit zur "Dreisprachigkeit" (v. Cube
1976, hier allerdings als "Zweisprachigkeit").
Ein geregeltes Verfahren der Problemformulierung, der
Sammlung und Ordnung von Daten und Informationen, der
Bildung und Überprüfung von Hypothesen kann die Schüler lehren, daß es neben dem eigenen Standpunkt auch
die Interessen der anderen gibt, die - möglicherweise
nach konflikthafter Auseinandersetzung - im Hinblick
auf das friedliche Zusammenleben aller durch politische Entscheidung zu einem Konsens gebracht werden
sollen, der für alle Betroffenen "zumutbar" bleibt.
Das Bundesverfassungsgericht hat diese Spannung zwischen individueller Zielsetzung und Gemeinschaftsbe-

zogenheit des Individuums so beschrieben: "Der
einzelne muß sich diejenigen Schranken seiner Hand-
lungsfreiheit gefallen lassen, die der Gesetzgeber
zur Pflege und Förderung des sozialen Zusammenlebens
in den Grenzen des bei dem gegebenen Sachverhalt allgemein Zumutbaren zieht, vorausgesetzt, daß dabei
die Eigenständigkeit der Person gewahrt bleibt"
(BVerfGE 4; 7, 15 f.). Die Ausbildung der Fähigkeit
zur "Dreisprachigkeit" - der einzelne, die anderen,
alle zusammen - erzieht zugleich dazu, den eigenen
Standpunkt - bekanntlich ein Gesichtskreis mit dem
Radius Null - zu relativieren und die Übersteigerung
eigener Ansprüche zugunsten des gleichen Rechtes der
anderen abzubauen.

d) Diese Fähigkeit zur Relativierung des eigenen Stand-
punktes befördert Aufklärung, die unserem "aufgeklärten" Zeitalter besonders nottut. "Aufklärung ist die
Zumutung von Neuorientierungslasten im Interesse fäl-
liger Sicherung der Konsistenz unseres Realitätsver-
hältnisses." (Lübbe 1976, 66). In Zeiten raschen
Wandels der Wirklichkeit stehen wir immer in der Gefahr, daß unser individueller "Orientierungsapparat",
unsere Grundausstattung mit Standpunkten und Wertungen, durch Wandel überholt wird, daß wir deshalb Wirklichkeit nur noch verzerrt wahrnehmen und unangemessen auf sie reagieren können. Hier ist Aufklärung fällig im Sinne der "Zumutung von Neuorientierungslasten". Zur personalen Entwicklung gehört zwar einerseits die Gewinnung der Identität mit sich selbst.
Die Entwicklung zur Persönlichkeit setzt aber auch
voraus, daß man Identitätskrisen aushalten und bewältigen kann, und zwar ohne Persönlichkeitsverlust. Beide Fähigkeiten gehören zusammen: die Fähigkeit zur Gewinnung der Identität, wie die Fähigkeit zur Bewältigung von Identitätskrisen. "Aufklärung ist identitäts-
krisenträchtig". (Lübbe 1976, 66). Sie ist aber auch

notwendig, um Realitätsverlust zu vermeiden. Hier ist
die Basis für eine kritische Grundhaltung gegenüber
allen Zumutungen, den festen eigenen Standort für den
einzig möglichen zu halten.

e) In dem Plädoyer für ein bescheidenes Konzept sozial-
wissenschaftlicher Methodenlehre ist bisher ausge-
spart geblieben, was neben Problemformulierung, Sammlung und Ordnung von Daten und Informationen, Hypothe-
senbildung und Hypothesenüberprüfung natürlich auch
dazugehören müßte: nämlich die Anleitung zur Urteilsbildung über soziale und politische Sachverhalte.
Möglichst rationale Urteilsbildung hat neben der
Funktion individueller Weltorientierung auch eine
wichtige soziale und kommunikative Funktion. Rationale
Urteile ermöglichen nämlich überhaupt erst eine ver-
zerrungsfreie Wahrnehmung des anderen und damit ein
angemessenes Sozialverhalten. Schulischer Unterricht
sollte aber bei der Anleitung zur Urteilsbildung stehen bleiben, sollte zeigen, wie man zu unverzerrten
Urteilen gelangen kann, sollte aber den Inhalt des
Urteilens nicht vorwegnehmen.

Natürlich ist das Grundproblem einer Didaktik des politischen Unterrichts auch mit diesen kurzen Hinweisen
auf die Vorzüge einer elementaren sozialwissenschaftlichen Methodenlehre nicht gelöst. Die Frage "Was soll
gelehrt werden?" kann hier nicht bis ins einzelne beantwortet werden. Der hier vorgelegte Ansatz wirft sogar eher mehr Fragen auf, als er beantworten kann. So
bleiben am Schluß eine Reihe offener Fragen: Kann vielleicht die weitere Ausarbeitung einer solchen elementaren sozialwissenschaftlichen Methodenlehre das Normproblem der Didaktik entschärfen? Sind die Inhalte, an
denen solche Methoden eingeübt werden könnten, dazu in
gleicher Weise geeignet, also gleich-gültig? Ist nicht
möglicherweise trotz des weiter notwendigen Streites um

die Zielproblematik politischen Unterrichts unterhalb
der Ebene der wissenschaftstheoretischen Ansätze und
der gesellschaftlichen und politischen Zielsetzungen der
Didaktiker wenigstens ein pragmatischer Konsens über die
angemessene Gestaltung staatlich veranstalteten politischen Unterrichts denkbar? Ist vielleicht sogar bei in-
tensivem Gespräch untereinander trotz streitiger Auseinandersetzung ein Teilkonsens auch über grundlegende
Wertziele unserer Verfassung möglich?

Wir sollten uns jedoch davor hüten, diese Fragen vorschnell und ohne sorgfältige Prüfung zu beantworten.
Wir sollten es immerhin für möglich halten, daß bei ge-
meinsamer Anstrengung um Beförderung von Rationalität in
der politischen und in der wissenschaftlich-didaktischen
Diskussion der Verdacht, "daß in der species "homo" der
"homo sapiens" ein Minderheitsproblem darstellt", nicht
das letzte Wort sein muß. (Rössner 1969, 31).

1. Aristoteles 1973
    Aristoteles, Politik. Übersetzt und herausgegeben von Olof
    Gigon. (dtv - text - bibliothek) München 1973.

2. BVerfGE
    Entscheidungen des Bundesverfassungsgerichts, hrsg. von den
    Mitgliedern des Bundesverfassungsgerichts, Bd. 2 ff. Tübingen
    1953 ff.

3. v. Cube 1974
    von Cube, Felix, Grundsätzliche Probleme des Curriculums:
    Zielsetzung und Zielerreichung, in: Lernziele und Stoffauswahl
    im politischen Unterricht (Schriftenreihe der Bundeszentrale
    für politische Bildung, Heft 93), 2. Aufl., Bonn 1974,
    S. 7 - 16

4. v. Cube 1976
    von Cube, Felix, Sind Lernzieloperationalisierungen und
    politische Erwachsenenbildung unvereinbar?, in: Materialien
    zur Politischen Bildung 4 (1976), H. 1, S. 45 - 51

Geiger 1974

Geiger, Wolfgang, Lernziele und politischer Unterricht.
Über die Grenzen der Lernzielorientierung, in: Gegenwarts-
kunde 23 (1974), S. 17 - 34.

George/Hilligen 1971

George, Siegfried und Hilligen, Wolfgang, Sehen - beurteilen - handeln. Lese- und Arbeitsbuch zur Sozialkunde und
Gesellschaftslehre, 5./6. Schuljahr, Frankfurt am Main 1971.

Herbart 1890

Herbart, Johann Friedrich, Allgemeine Pädagogik aus dem
Zwecke der Erziehung abgeleitet (1806), in: E.v. Sallwürk
(Hrsg.): Joh. Friedr. Herbart's Pädagogische Schriften.
Langensalza 1890, 5. Aufl., 1. Bd.

Klauer 1973

Klauer, Karl Josef, Revision des Erziehungsbegriffs. Grundlagen einer empirisch-rationalen Pädagogik (Studien zur
Lehrforschung Bd. 5). Düsseldorf 1973.

Lübbe 1976

Lübbe, Hermann, Wer kann sich Aufklärung leisten?, in:
Zeitschrift für Politik 23 (1976), H. 1, S. 64 - 72.

MEW Erg. - Bd. 1

Marx, Karl/Engels, Friedrich, Werke, Ergänzungsband 1
(ökonomisch - philosophische Manuskripte aus dem Jahre
1844). Berlin 1973.

Richtlinien 1958

Richtlinien für die politische Erziehung und Bildung
(Schriftenreihe des Niedersächsischen Kultusministeriums).
Hannover 1958.

Richtlinien 1962

Richtlinien für die Volksschulen des Landes Niedersachsen,
herausgegeben vom Niedersächsischen Kultusministerium.
Hannover 1962.

Richtlinien 1973

Richtlinien für den Politischen Unterricht, Herausgeber:
Der Kultusminister des Landes Nordrhein-Westfalen.
Düsseldorf/Stuttgart 1973.

Robinsohn 1967

Robinsohn, Saul B., Bildungsreform als Revision des
Curriculum. Neuwied/Berlin 1967.

15. Rössner 1969

Rössner, Lutz, Der politische Bildungsprozeß. Frankfurt u.a. 1969.

16. Schulz-Hageleit 1975

Schulz-Hageleit, Peter, Erziehung zum Glück, in: Aus Politik und Zeitgeschichte B 13/75 vom 29.3.1975.

Dieter   L ü t t g e

Das Bild des Menschen - aus der Sicht der Psychologie

Das Thema der Vorlesungsreihe 'Das Bild des Menschen in den
Wissenschaften' fordert vom Psychologen, auf dem Hintergrund seiner Wissenschaftsdisziplin anthropologische Überlegungen anzu-
stellen, Aussagen der Psychologie daraufhin zu überprüfen, welches Menschenbild bestimmten Untersuchungsergebnissen, Theorien,
Behandlungsarten zugrunde liegt

Bereits die ersten Gedanken führen zu der Feststellung, daß ihn
das Thema überfordert, wenn von ihm erwartet wird, das Bild des
Menschen in der Sicht der Psychologie zu zeichnen. Es gibt eben
keine einheitliche, in sich geschlossene Psychologie, sondern
Psychologie ist - wie THOMAE es einmal ausgedrückt hat - "eine
Bezeichnung für eine Mannigfaltigkeit von wissenschaftlichen Versuchen, menschliches Verhalten und Erleben adäquat zu erfassen,
wobei der Begriff der 'adäquaten Erfassung' durch die ... Kriterien umschrieben wird: Beschreibung bzw. Messung der Variation
von Verhalten und Erleben, Analyse der Bedingungen dieser Variation, Vorhersage des Verhaltens aufgrund von Gesetzmäßigkeiten."[1]

In diesem Versuch, den Gegenstand der Psychologie zu bestimmen und
dabei Zugänge zum menschlichen Verhalten und Erleben anzudeuten,
wird die Position des Autors (und damit auch sein Bild vom Menschen?) deutlich: Psychologie wird als empirische Wissenschaft
verstanden, ihre Aussagen werden auf methodisch abgesicherte Erfahrung gestützt und der metaphysische Begriff 'Seele' ist nicht
Bestandteil des Definitionsversuchs.

Wissenschaft ist eine Aktivität des Menschen. Was als wissenschaftlich gelten soll, liegt nicht objektiv fest, es wird vom Menschen bestimmt. Die Prinzipien, die Regeln, nach denen verfahren
wird und nach denen einer Tätigkeit wissenschaftlicher Rang zuge-
messen wird, sind Erfindungen und Konstruktionen des Menschen.

Psychologen versuchen nun, - ebenso wie Pädagogen -, mit Hilfe
wissenschaftlich (mehr oder weniger) abgesicherten Methoden,
menschliches Verhalten zu beeinflussen, es zu verändern. Explizit
oder implizit liegen diesen Bemühungen Vorstellungen von einem

Menschenbild zugrunde, auf das hin Veränderung, Entwicklung geschehen soll. In den Behandlungsmethoden werden Grundanschauungen
über das 'Wesen' oder die 'Natur' des Menschen deutlich, von denen METZGER einmal sagte, daß sie "vielfach als so selbstverständlich angesehen werden, daß man mit ihrer Erörterung und Prüfung
keine Zeit verliert. Mit diesen Grundanschauungen ist nicht nur
für die spezielle Theoriebildung, sondern auch für die Ableitung
von Vorschlägen für den Umgang mit Menschen ein bestimmter Rahmen
festgelegt, über den man nicht hinausdenken kann, ohne sich mit
sich selbst in Widerspruch zu setzen."[2]
Gerade in der gegenwärtigen Situation, in der die Komplizierung
gesellschaftlicher Zusammenhänge zugenommen hat und pluralistische
Lösungsansätze diskutiert und praktiziert werden, ist die Erörterung anthropologischer Grundannahmen zwingend notwendig.

H. ROTH hat darauf hingewiesen, daß "Begriffe wie Anlage, Lernen,
Reifen, Mündigkeit, Kreativität usw. und der Entwicklungsbegriff
selbst aus Hintergründen und Zusammenhängen stammen, die von
ausgesprochenen oder unausgesprochenen Menschenbildern und Persönlichkeitstheorien herrühren, die eine lange Tradition haben."[3]

Aufgabe dieses Beitrags soll es sein, gerade die - mehr oder
minder - verborgenen anthropologischen Voraussetzungen verschiedener psychologischer Ansätze aufzuzeigen. Dabei verstehen wir unter
Anthropologie mit HOLZKAMP nicht medizinische oder ethnographische
Anthropologie, "gemeint ist vielmehr eine generalisierende, die
Einzelwissenschaft transzendierende Frageweise, in der man zu Aussagen über die Eigenart, die Natur, das Wesen etc. des Menschen
als Menschen gelangt."[4]
HOLZKAMP unterscheidet dabei anthropologisches Fragen in zweierlei
Weise: in 'positiver' und in 'kritischer' Absicht. Anthropologisches Fragen in 'positiver' Absicht legt den Akzent darauf, "affir-
mative Lehrmeinungen über Eigenart, Natur, Wesen des Menschen als
Menschen zu entwickeln und zu begründen, wobei vorausgesetzt wird,
daß solche generalisierenden Aussagen über 'den' Menschen möglich
sind."[5]

'Kritisches' anthropologisches Fragen wird demgegenüber so charakterisiert, daß "Wissenschaftsbereiche und Denkansätze, in denen vordergründig keinerlei anthropologische Aussagen enthalten
zu sein scheinen, daraufhin zu analysieren (sind), inwieweit sie
dennoch unbefragt auf bestimmten Annahmen über die Eigenart, das
Wesen, die Natur, des Menschen basieren, also eingeengte, parti-
alisierende Sichtweisen anthropologisch .... totalisieren."[6]

Anthropologische Überlegungen vom Typus des kritischen Fragens sind
für den Psychologen notwendig und sinnvoll, insbesondere wenn er
sich schwerpunktmäßig mit Problemen einer Pädagogischen Psychologie beschäftigt, die sich als empirische Wissenschaft darum bemüht, die Bedingungen, unter denen ein Mensch lernt und erzogen
wird, zu erforschen und die damit auch in der Lage ist, Sozialisa-
tionsprozesse zu beeinflussen und zu steuern.

H. ROTH wirft den Psychologen, insbesondere den Entwicklungspsy-
chologen vor, sie hätten "bislang zu wenig auf eine Gesamttheorie
der menschlichen Persönlichkeit und des menschlichen Verhaltens
und Handelns im allgemeinen abgehoben. Sie sprachen vom Kind, aber
nicht gleichzeitig vom Menschen und der Gesellschaft."[7]
Dieser Vorwurf kann als Hinweis auf fehlende bzw. unzureichende
anthropologische Reflexion verstanden werden. Psychologische Aussagen über 'das' Kind oder 'den' Jugendlichen sind nicht möglich,
sie basierten auf unzulässigen Generalisierungen, wären - im Verständnis von HOLZKAMP - anthropologische Aussagen in 'positiver'
Absicht. In der Humanpsychologie sind als Forschungsgegenstand
'konkrete einzelne Menschen in ihrer je besonderen empirischen
Beschaffenheit' angesprochen.[8]

Befragt man die verschiedenen Schulen, Richtungen, Systeme hinsichtlich des Menschenbildes, das ihnen zugrunde liegt, so bildet
sich eine typologische Klassifikation heraus, die philosophiege-
schichtlich - etwas vereinfacht - einerseits mit den Namen LOCKE,
HUME, MILL und andererseits mit denen von KANT und LEIBNIZ charakterisiert werden kann.

LOCKE stellt sich den menschlichen Geist bzw. das menschliche Bewußtsein als eine 'tabula rasa', eine unbeschriebene, leere Tafel
vor. Das menschliche Bewußtsein ist danach aus wenigen Elementen
aufgebaut, die nur gering miteinander verbunden sind, also eine
relativ große Selbständigkeit besitzen. Persönlichkeit wird -
nach dieser Auffassung - durch Einwirkungen der Umwelt, denen sie
unterliegt, geprägt. Entscheidend dafür ist die Wahrnehmung. Die
einzelnen Elemente werden so im Verlaufe der Entwicklung assozia-
tiv verknüpft, nachdem sie zuvor enge Beziehung zu den Umweltein-
flüssen gefunden haben. Persönlichkeitstheorien, die in dieser
philophischen Tradition stehen, sind gekennzeichnet durch eine
starke Betonung der Lernmöglichkeiten.
GUSS charakterisiert eine solche Auffassung als 'Passivitätsannahme': "Dem Menschen sind keine sozialen und intellektuellen Bedürfnisse angeboren, d.h. er ist entweder passiv oder unspezifisch-
aktiv."[9]

Für LEIBNIZ und KANT haben die innere und spontane Tätigkeit des
Geistes den gleichen Stellenwert wie sein Inhalt oder seine Pro-
duktion. Das Individuum ist nicht nur reaktiv, sondern selbst-
aktiv. LEIBNIZ und KANT betonen die Fragen nach und die Bedeutung
der ursprünglichen Anlagen; sie betonen die naturgegebenen Dis-
positionen und die Konstitution des Menschen. Die Autonomie der
Persönlichkeit, die Möglichkeit ihrer Selbstverwirklichung werden
hervorgehoben. Persönlichkeitstheorien, die in dieser Tradition
stehen, sind u.a. die Modelle von LERSCH und WELLEK.
Nach solchem Verständnis sind Menschen "soziale und intellektuelle
Bedürfnisse angeboren, die ein friedliches, den Erfordernissen
der Kultur genügendes Zusammenleben ermöglichen."[10]

Die hier skizzierten Positionen spiegeln sich in den verschiedenen
Persönlichkeitstheorien wider. ALLPORT[11] hat auf wesentliche Unterschiede in den Auffassungen hingewiesen. So betonen jene Psychologen, die die 'Aktivitätsannahme' akzeptieren, in starkem Maße
die Forderungen, den "ganzen Menschen" zu erfassen, während Vertreter der 'Passivitätsannahme' sich darauf konzentrieren, Teil-
bereiche der Persönlichkeit zu beschreiben, zu untersuchen: Eigen-

schaften, Haltungen, Syndrome, Faktoren, Leistungen.
Für die Erfassung des 'gesamten Menschen' wird die Methode des
Verstehens als geeignetes Verfahren angesehen, wobei unter Verstehen eine geisteswissenschaftliche Deutungsweise verstanden
wird, die "deduktiv und deskriptiv verfährt und auf das Erkennen
von Persönlichkeitsstrukturen, Begabungs- und Leistungsdisposi-
tionen" zielt.[12] Verstehen heißt nach SPRANGER, den sinnvollen
Zusammenhang der Handlungen und Erlebnisse einer Person in der
Einheit und Totalität ihres geistigen Wesens finden.

Die Entwicklung der Psychologie nach dem 2. Weltkrieg hat auch in
Deutschland weitgehend zu einem Abrücken von diesem Konzept geführt, hin zu Auffassungen, die sich an der 'Passivitätsannahme'
orientieren und die in größerem Umfang naturwissenschaftliche
Methoden zur Erfassung von Persönlichkeitszügen, Einstellungen
usw. anwenden.
Ohne die unterschiedlichen Betrachtungsweisen im einzelnen darstellen zu wollen, soll auf einige Unterschiede noch hingewiesen werden, die das jeweils zugrunde liegende Menschenbild verdeutlichen.
Die Persönlichkeitstheorien, die in der philosophiegeschichtlichen
Tradition von LOCKE u.a. stehen, sind durch optimistische Tendenzen gekennzeichnet, sie postulieren die Modifizierbarkeit des Menschen, sie sind durch einen "Unterton von Lebensverbesserung" (ALL-
PORT) charakterisiert, während ihr Gegenpol stärker durch Pessi-
mismus geprägt ist, die relative Nichtmodifizierbarkeit der Persönlichkeit zugrunde legt. Die Vertreter dieser Theorien postulieren eine relative Unabhängigkeit der Persönlichkeit von der Gesellschaft.
In den verschiedenen Persönlichkeitstheorien spiegelt sich - das
sollte der knappe typologische Vergleich aufweisen - jeweils das
philosophische bzw. weltanschauliche Menschenbild des jeweiligen
Autors wider.
Persönlichkeitstheorien - explizite oder implizite - liegen letztlich auch jeder pädagogischen Tätigkeit zugrunde. Deshalb ist es
notwendig, den Zusammenhang zwischen Persönlichkeitspsychologie
und den Menschenbildern, an denen sie sich - je nach ihrem Ansatz -
orientiert, aufzuweisen und zu diskutieren.

Die bisher ausgeführte Gegenüberstellung der beiden Typen von Persönlichkeitstheorien zeigt, daß sich in ihr eigentlich auch die Diskussion des Anlage-Umwelt-Problems spiegelt, wobei eigentlich nur der nativistische bzw. der empiristische Standpunkt berücksichtigt wird, der interaktionstheoretische Ansatz, der ein wechselseitiges Ineinandergreifen der am Entwicklungsprozeß beteiligten Faktoren betont, nicht einbezogen wird.

GUSS trägt gegen die "Aktivitäts- und Passivitätsannahme", wie sie bisher formuliert wurde, grundsätzliche Bedenken vor: "Erstens ist es fraglich, ob und inwieweit am Zustandekommen sozialen und intellektuellen Verhaltensweisen genetische Faktoren beteiligt sind." Zweitens kann man "niemals den Menschen 'an sich' erforschen, sondern nur den Menschen als Gewordenen, also den Zusammenhang zwischen Umweltbedingungen, denen ein Mensch ausgesetzt (gewesen) ist, und dem Verhalten des Menschen bzw. seinen überdauernden Persönlichkeitsmerkmalen."[13]

Daraus ergibt sich die Notwendigkeit, beide Annahmen umzuformulieren: "Aktivitätsannahme: Es sind Bedingungen möglich, unter denen der Mensch von sich aus, spontan, geistige und soziale Aktivitäten entwickelt, ohne hierzu durch Reiz- und Druckmittel veranlaßt werden zu müssen. Passivitätsannahme: Soziales und intellektuelles Verhalten kommt nur unter Bedingungen zustande, welche den Menschen zu eben diesen Verhaltensweisen durch offenen oder versteckten Zwang veranlassen."[14]

In diesen Formulierungen spiegelt sich - wir wiesen bereits darauf hin - ein unterschiedliches Menschenbild: zum einen Betonung der Spontaneität, zum anderen der Reaktivität. Dieses Menschenbild liegt dann auch - erkannt oder nicht erkannt den verschiedenen Persönlichkeitstheorien in unterschiedlicher Ausprägung zugrunde.
Die Sozialisation eines Menschen wird, darauf haben zahlreiche Autoren[15] hingewiesen, von zwei Voraussetzungen bestimmt:
1. vom Menschenbild, das die Erziehenden entwickelt haben und
2. vom Sozialisationsziel, das sich der Erziehende für die

eigenen Bemühungen um das Kind gesetzt hat. Beide Voraussetzungen
sind aufeinander bezogen, müssen einer kritischen Analyse unter-
zogen werden.
Die Psychologie als eine Disziplin, die sich auszeichnet durch
eine "Mannigfaltigkeit von wissenschaftlichen Versuchen, menschliches Verhalten und Erleben adäquat zu erfassen" (THOMAE) repräsentiert dementsprechend auch sehr unterschiedliche Menschenbilder. Als Pädagogische Psychologie steht sie in enger Berührung
zu den Erziehungswissenschaften und liefert zahlreiche Informationen, Einsichten und Erkenntnisse, die zum einen den Reflexionen
erzieherischer Praxis, zum anderen auch der Entwicklung pädagogischer Konzeptionen dienen.
Eine Pädagogik, die sich an einer Verhaltenstheorie auf lernpsy-
chologischer Grundlage orientiert, unterscheidet sich in wesentlichen Bereichen von einer tiefenpsychologisch geprägten, eine
empirisch angelegte von einer solchen, die stärker spekulative
Züge trägt.

Im Zusammenhang dieser Darstellung sollen exemplarisch zwei Ansätze gegenübergestellt werden, die in der Gegenwart immer noch
von starkem Einfluß auf die Entwicklung pädagogischer Theorie und
Praxis sind und intensiv diskutiert werden: Lerntheorie und Psychoanalyse. Zuvor jedoch muß darauf hingewiesen werden, daß die
genannten Begriffe jeweils ein breites Spektrum wiederum unterschiedlicher Ansätze umfassen. Für das mit diesem Aufsatz ver-
folgte Anliegen beziehe ich mich auf die Konzeptionen von SKINNER
und FREUD.
Um das SKINNERschen Auffassungen zugrunde liegende Menschenbild
aufscheinen zu lassen, werden zunächst einige Zitate aus
'Futurum Zwei'[16] vorgestellt. In diesem Buch wird eine utopische
Gemeinschaft vorgestellt, deren Organisation und Zusammenhalt nach
Prinzipien der Verhaltenslehre von SKINNER funktioniert. Die Zitate
sind aus jenen Kapiteln ausgewählt, in denen Fragen der Erziehung
und Unterrichtung diskutiert werden.
"Es besteht eine Welt von Unterschieden zu der Art, wie wir das
Unbehagen ansetzen. Vor allem eins: wir bestrafen nicht. Niemals
wenden wir etwa Unerfreuliches an, um unerwünschtes Verhalten zu

unterdrücken oder auszumerzen. Außerdem gibt es noch einen weiteren Unterschied. In den meisten Kulturen erleidet das Kind
Widrigkeiten und Rückschläge von unkontrollierbarer Kraft. Einige
werden im Namen der Disziplin von Personen mit Autorität zuer-
teilt. Andere sind wie Nebel und Dunst gemildert, haben aber keine
Urheber. Wieder andere entstehen durch Zufall. Niemand ist bereit
oder imstande, sie zu verhindern. Wir wissen alle, was geschieht.
Ein paar abgehärtete Kinder überstehen es, und zwar jene, denen
das Unbehagen in Dosierungen aufgebrummt wurde, die sie verkraften
konnten. Aus ihnen werden tapfere Menschen. Andere werden zu Sa-
disten oder Masochisten in verschiedenen pathologischen Schattie-
rungen. Sie haben ihre schmerzlichen Eindrücke nicht überwunden,
werden von Schmerzvorstellungen gepeinigt und machen krumme Künste
daraus. Wieder andere ducken sich und hoffen die Welt zu erben.
Der Rest, Memmen und Feiglinge, leben für die Dauer ihres Lebens
in Angst. Und das alles bezieht sich nur auf ein einzelnes Teilge-
biet - die Reaktion auf den Schmerz. Ich könnte ein Dutzend pa-
ralleler Fälle anführen. Optimisten und Pessimisten, Zufriedene
und Mißvergnügte. Beliebte und Unbeliebte, Ehrgeizige und Entmutig-
te - sie alle sind nur extreme Produkte eines miserablen Systems.
Traditionelle Praktiken sind bekanntlich besser als gar nichts.
Spartanisch oder puritanisch - die gelegentlich gelungenen Resul-
tate kann niemand anzweifeln. Aber das ganze System beruht auf dem
verschwenderischen Prinzip der Auswahl. Die englische Volksschule
des 19. Jahrhunderts hat tüchtige Menschen hervorgebracht, indem
sie schier unübersteigbare Schranken setzte und das beste aus denen herausholte, die hinüberkamen. Aber Auswahl ist keine Erziehung. Ihre Ernte tüchtiger Menschen wird immer klein sein, die Ver-
geudung aber enorm. Wie alle primitiven Methoden tut die Auswahl
anstelle der Erziehung ihren Dienst nur mittels Materialverschwen-
dung. Man multipliziert ausschweifend und trifft mit Härte die
Auswahl. Es ist die Philosophie des Riesenhaufens als Alternative
zur guten Kinderhygiene.
In Futurum Zwei verfolgen wir ein anderes Ziel. Wir machen alle
zu tapferen Menschen. Alle kommen über die Barrieren hinweg.
Einige brauchen mehr Vorbereitung, aber hinüber kommen sie alle.
Die traditionelle Anwendung von Widrigkeiten hat das Ziel, die

Starken auszuwählen. Wir aber überwachen Widrigkeiten, um Stärke
zu erzeugen.

Wir verlangen zudem von unseren Kindern nicht, daß sie alle die-
selben Fertigkeiten entwickeln. Wir versteifen uns nicht auf bestimmte Kurse. Wir haben, soviel ich weiß, kein einziges Schul-
kind mit einer 'Mittelschulbildung', was immer diese besagen will.
Sie haben alle so rasch Fortschritte gemacht, wie ratsam ist, und
sind in vielerlei Hinsicht nützlich erzogen. Wir halten uns nicht
damit auf, Unbelehrbare zu lehren. Eine Ausbildung, die auf das
Diplom hin fixiert ist, stellt einen Leerlauf dar, für den bei uns
kein Platz ist. Wir verknüpfen mit der Ausbildung keine Wertein-
stufung nach Geld oder Ansehen. Sie hat ihren Wert in sich oder
gar keinen.

Da unsere Kinder froh, vital und neugierig bleiben, brauchen wir
keine 'Fächer' zu lehren; wir lehren lediglich die Technik des
Lernens und Nachdenkens. Geographie, Literatur, Wissenschaften -
wir geben den Kindern Gelegenheit und Anleitung - dann lernen sie
von selber. Deshalb können wir die Hälfte der Lehrer entbehren,
die unter dem alten System amtieren, und die Schulbildung ist un-
vergleichlich besser. Vernachlässigt werden unsere Kinder nicht,
und Schulbildung ist hier ein Teil des Lebens im Gemeinwesen. Wir
brauchen nicht zu großartigen Lebenserfahrungen Zuflucht zu nehmen. Die Kinder fangen in sehr frühem Alter an zu arbeiten. Darin
liegt keine Härte, sondern das wird genau so bereitwillig akzep-
tiert wie Sport und Spiel. Ein gut Teil unserer Erziehung vollzieht sich in Werkstätten, Laboratorien und auf dem Land. Es gehört ferner zu unseren Regeln, die Kinder an Handwerk und Kunst
heranzuführen. Wir geben ihnen Hinweise und Anregungen, denn das
ist wichtig für unsere Zukunft und Sicherheit.

Wir sind ihnen in jeder Weise behilflich, nur daß wir sie nicht
unterrichten. Wir bieten ihnen neue Methoden des Lernens und Nachdenkens, eine ausgezeichnete Übersicht, abgeleitet von der Logik,
Statistik, Psychologie, Mathematik. Das ist die ganze Vorbereitung aufs Studium, die sie brauchen. Das übrige eignen sie sich
in unseren Bibliotheken und Labors an."

SKINNERs grundlegende Annahme ist, daß menschliches Verhalten im
wesentlichen nach dem Prinzip des operanten Konditionierens gelernt wird und daß die jeweiligen zu untersuchenden Umstände als
Verstärker wirken. Dieses Vorgehen bezeichnet er als 'Funktionale
Analyse', die jeweils beim Einfachen beginnen und zum Komplexen
fortschreiten soll. Nach seiner Auffassung ist es möglich, das
Verhalten eines Menschen so zu formen, daß es sukzessive durch
Einsatz von Verstärkern zu einem definierten Endverhalten entwickelt wird. Jedes Verhalten wird nach bestimmten psychologischen Gesetzmäßigkeiten gelernt bzw. verlernt. Kennt man diese
Gesetzmäßigkeiten und hat man die Möglichkeit, die Umweltbedingungen entsprechend einzurichten, so wird kontrollierte Verhaltensmodifikation möglich. Ziel ist es, wie aus dem ersten Zitat
deutlich wird, nichts dem Zufall zu überlassen, sondern möglichst
perfekt zu verstärken und so Verhalten zu formen.
Das Menschenbild, das in der verhaltenstheoretischen Auffassung
von SKINNER deutlich wird, ist vorwiegend passiv orientiert. Das
Verhalten des Menschen wird als außengesteuert betrachtet und abhängig gesehen von der quantitativen und qualitativen Ausprägung
der Reize. Das führt GUSS zu der Aussage, daß nach den Lerntheorien "die Manipulation nicht nur ein Sonderfall der Beeinflussung
menschlichen Verhaltens (ist), sondern die einzig mögliche Beeinflussung überhaupt. Entweder man überläßt die Ausbildung von Verhaltensweisen dem Zufall, was früher oder später zum Chaos führen muß, oder man manipuliert."[17]

Diese Feststellungen geben in aller Kürze den Standpunkt SKINNERs
wieder. Es ist darauf hinzuweisen, daß zwischenzeitlich Weiterentwicklungen stattgefunden haben, die zum Teil zu differenzierteren
Aussagen gekommen sind. So wird bezweifelt, daß mit der Methode
des shaping (sukzessive Verhaltensformung) komplexe Phänomene
menschlichen Lernens erklärt werden können. Das Menschenbild,
das diesen Auffassungen inhärent ist, impliziert nach GUSS diese
pädagogischen Folgerungen:
"1. Die formenden, gestaltenden, ordnenden, - kurz gesagt - erziehenden Kräfte liegen nicht im zu erziehenden Individuum, sondern ausschließlich im Erzieher. Das Verhalten des Zöglings ist

um so geordneter, je mehr und je besser er konditioniert wird.
2. Die Erziehung ist daher dynamisch eingleisig; was aus dem Zögling wird, hängt ausschließlich vom Programm des "Erziehungs-
ingenieurs" ab.
3. Eine solchermaßen hergestellte Ordnung des seelischen Geschehens ist ständig in der Gefahr des Zerfalls, sie muß ständig überwacht werden; es müssen ständig weitere Verstärkungen erfolgen,
damit die konditionierten Verhaltensweisen nicht ausgelöscht,
"extinguiert" werden.
4. Die Umstellung und Änderung einer so hergestellten Ordnung erfolgt, falls sie nötig wird, nicht spontan, sie muß herbeigeführt
werden. Sollte sich an den erzieherischen Zielvorstellungen einmal
etwas ändern, was allerdings um so unwahrscheinlicher ist, je per-
fekter die Manipulation durchgeführt wird, dann müssen die uner-
wünschten Gewohnheiten "ausgelöscht" und andere Gewohnheiten aufgebaut werden.
5. Freiheit und Ordnung schließen einander aus, wie Ordnung und
Zwang sich gegenseitig fordern.
6. Eine sachliche Unterscheidung zwischen Erziehung und Manipulation ist nicht möglich. Mit welchem dieser Begriffe man die Arbeit am jungen Menschen bezeichnet, ist Geschmacksache."[17a]

Die Psychoanalyse FREUDs, die auch auf die Entwicklung der Pädagogik einen entscheidenden Einfluß hatte, soll als zweite Richtung
der Psychologie daraufhin analysiert werden, welches Menschenbild
ihr zugrunde liegt. Nach der tiefenpsychologischen Auffassung wird
das psychische Leben vom Unbewußten beherrscht. Die Grundtriebe
(Eros und Thanatos) sind von Geburt an im Menschen vorhanden. FREUD
erklärte die individuellen Unterschiede zwischen Menschen durch
jene Differenzen, die in der Bewältigung dieser Grundtriebe zum
Ausdruck kommen. Dazu nahm er drei Bereiche der Persönlichkeit
an, die er Es, Ich und Über-Ich nannte. Im Es repräsentiert sich
der unbewußte Persönlichkeitsanteil, es bildet den Ausgangspunkt
der Grundtriebe. Die Antriebe drängen zur Realisierung und das
Über-Ich fungiert als jene Instanz, in der Werte und Normen der
Umwelt repräsentiert sind. Während das Es darauf angelegt ist,
Triebrealisierung durchzusetzen, wirkt das Über-Ich regulierend,

setzt Schranken. Zwischen den so entstehenden Konflikten repräsentiert das Ich das Realitätsbild des Individuums. Das ganze
Konzept, das hier nur sehr verkürzt dargestellt werden kann, basiert auf einem Spiel von Kräften und Gegenkräften. FREUD stellt
heraus, daß jeder Gedanke, jede Verhaltensweise motiviert ist.
Das Ich, das in ständiger Auseinandersetzung mit den beiden anderen Instanzen und der Umwelt ist, hat die schwierige Aufgabe,
Gleichgewicht herzustellen, ausgleichend zu wirken. Dabei wendet
es komplizierte Techniken (z.B. Abwehrmechanismen wie Verdrängung,
Sublimierung usw.) an, um diese Aufgabe zu lösen. Das Prinzip,
auf das die Theorie angelegt ist, kann als homöostatisches Prinzip gekennzeichnet werden. Das Ich ist um dieses Gleichgewicht
bemüht, es sorgt für die Sicherheit und Erhaltung der Person.
Diese Kurzdarstellung des Ansatzes von FREUD soll hier ausreichen,
wobei bewußt auf eine Beschreibung der psychosexuellen Phasenlehre
verzichtet wird.
Die psychoanalytische Auffassung FREUDs ist sehr bald kritisiert
und weiterentwickelt worden. ADLER, JUNG, HORNEY, FROMM u.a. haben
entscheidende Veränderungen der Lehre bzw. grundlegende Neukon-
zeptionen geleistet. Es würde im Rahmen dieses Aufsatzes zu weit
führen, wollte man auf diese Weiterentwicklungen eingehen.
Hier sollen lediglich einige Kritikpunkte in bezug auf psychoanalytische Theorien erörtert werden. So wird - vor allem in der
Grundauffassung FREUDs die Bedeutung des Biologischen, der Trieb-
bestimmtheit verabsolutiert. Die Bedeutung der gesellschaftlichen
Bedingungen wird stark vernachlässigt. Die gesellschaftliche Seite
der Existenz des Menschen erscheint lediglich als etwas Äußerli-
ches, mehr oder weniger Nebensächliches.

Das Menschenbild, das der Psychoanalyse zugrunde liegt, ist primär
biologisch orientiert. Angeborene Triebe und das Bedürfnis des
Organismus einen Gleichgewichtszustand zu erhalten oder wieder
herzustellen, sind charakteristisch. "Das FREUDsche Menschenbild
ist das eines passiven Wesens, dessen Normalzustand die Ruhe ist,
welches durch innerorganische Störungen aus dem Gleichgewicht gebracht wird und dessen sämtliche Aktivitäten der Wiederherstellung
dieses Gleichgewichts dienen, also im Grunde Maßnahmen der 'Abwehr'

sind."[18]

Derselbe Autor kommt u.a. zu folgenden pädagogischen Folgerungen,
die aus dem psychoanalytischen Ansatz gezogen werden können:
"Erstens muß der Erzieher fest damit rechnen, daß er bei seinem
Geschäft auf seiten des Kindes keinerlei Unterstützung zu erwarten hat, da es ein ursprünglich passives Lebewesen ist und nur bei
(endogen oder exogen bewirkten) Veränderungen seines homoeostati-
schen Gleichgewichtszustandes in Bewegung gerät.
Die erziehenden Kräfte liegen daher ausschließlich im Erzieher,
die Erziehung ist dynamisch eingleisig, eine sachliche Unterscheidung zwischen Manipulation und Erziehung ist daher nicht möglich.
Zweitens sind die Ziele der Erziehung immer im Wert- und Normsystem
der jeweiligen Kultur begründet und können nicht aus dem Studium
der Natur und der Entwicklung des Menschen gewonnen werden, da es
in diesem ausschließlich kulturfeindliche Tendenzen gibt. Die
Ziele des Erziehers als Repräsentant der Kultur sind denen des
Zöglings daher notwendigerweise entgegengesetzt.
Drittens können als Mittel der Erziehung nur Versagungen und
Unterdrückungen in Betracht kommen, weil diese die Voraussetzung
für die Entwicklung kulturadäquater Verhaltensweisen sind. Freiheit
kann es in der Erziehung nicht geben oder höchstens in einem ver-
wässerten Sinn, und zwar dann, wenn das Kind durch Versagungen
und Unterdrückungen bereits dahin gebracht worden ist, daß es nur
noch genau das zu tun vermag, was man von ihm verlangt.
Viertens ist eine unter solchen Zwangsbedingungen zustandegekommene
Ordnung ständig in der Gefahr des Zerfalls und muß daher ständig
überwacht werden. Ein Rückfall in frühere Organisationsstufen
(Regression) muß daher mit Sanktionen bedroht sein."[19]

An den beiden von uns dargestellten Beispielen der Lerntheorien
und der Psychoanalyse sollte deutlich gemacht werden, inwieweit
das dieser Auffassung jeweils zugrunde liegende Menschenbild an-
wendungsbezogene Konsequenzen hat. Erziehungsziele und zur Anwendung gelangende Erziehungsmittel spiegeln deutlich (mehr oder
weniger) die ihnen inhärenten Menschenbilder wider. Eine der wichtigen Aufgaben der Psychologie im Rahmen der Lehrerausbildung ist
es, Modelle und Theorien, aus denen auch pädagogische Handlungen

abgeleitet werden, kritisch zu reflektieren. Insbesondere wenn
es um die Fragen von Manipulation und Erziehung geht, sind solche Reflexionen zwingend geboten. Erziehung als soziales Geschehen, als geplante und zielgerichtete Steuerung des menschlichen
Verhaltens durch Menschen kommt ohne eine anthropologische Besinnung zu diesen Fragen nicht aus, wenn sie nicht in eine seelen-
lose Erziehungstechnologie abgleiten will. In diesem Zusammenhang
ist auch deutlich die Kooperation aller Wissenschaften angesprochen, in deren Mittelpunkt die Betrachtung des Menschen als eines
biologischen und psychologischen Wesens steht.

Dort, wo Psychologie nicht nur beschreibend und erklärend die
Entwicklung eines Individuums erfaßt, sondern durch "eingreifendes
Handeln in präventiver und korrektiv-therapeutischer Absicht zur
Optimierung der individuellen Lebenstätigkeit"[20] beiträgt, wird
die Frage nach dem Menschenbild, auf dessen Hintergrund dieses
Eingreifen geschieht, besonders bedeutsam. In der lerntheoretischen Auffassung, wie sie in romanhafter Form in 'Futurum Zwei'
von SKINNER zum Ausdruck kommt, klingt eine optimistische Sicht-
weise an, ein Glaube an die Machbarkeit des Menschen und gleichzeitig auch der Hinweis auf die Notwendigkeit, Methoden zu entwickeln oder zu verfeinern, "dem Individuum zu größerem persönlichen Glück und zu einer optimalen persönlichen Kompetenz und
Zufriedenheit zu verhelfen."[21] Es wäre jedoch falsch, die Wirkung einer solchen Verhaltensmodifikation nur einbahnig zu sehen.
Ständige Rückkopplungsprozesse führen zu einer Wechselwirkung,
d.h. in der Terminologie der Lerntheorie, daß sie sich wechselseitig positiv oder negativ verstärken und kontrollieren. Der
Erzieher, der sich lerntheoretischer Methoden zur Modifikation
des Verhaltens bedient, ist aufgefordert, Erziehung als gemeinsames Handeln zu betrachten, seine Klienten auf dem schnellsten
Wege zur Selbststeuerung und Selbstverwirklichung zu führen.
Die Haupteinwände richten sich gegen die Außendeterminierung,
die - wie ROSEMANN sagt - "den technologischen Prinzipien der
kapitalistischen Gesellschaft" entspricht.
Die Darlegungen der Lerntheoretiker haben zu vielfacher Diskussion und Kritik herausgefordert, vielleicht gerade deshalb,

weil sie das ihren Auffassungen zugrunde liegende Menschenbild
sehr explizit machten und auf bestimmte Mechanismen der Außen-
steuerung menschlichen Verhaltens hinwiesen. Das führte zu der
Auffassung, daß sich der Psychologe ein Repertoire von Verhal-
tenstechnologien zulegen könne und sich so "zum Beherrscher individueller menschlicher Lebensplanung hochstilisieren könnte
oder aber, daß Menschen wider ihrem Willen in ein vom Psychologen konzipiertes 'humanes Leben' hineingezwungen werden könnten."[22]

Diese Sorge scheint wenig begründet, sie schrumpft zumindest er-
heblich, wenn der Psychologe (und auch der Pädagoge) die Würde
seines Klienten, seines Sozialisationspartners respektiert.

Dort, wo mehr und mehr auch die kognitiven Aspekte mitberücksich-
tigt, die Methoden der klassischen und operanten Konditionierung
um eine Dimension erweitert werden, orientiert sich psychologi-
sches und pädagogisches Vorgehen realistisch. Kognitive Umstruktu-
rierung und Problemlösungstraining verstärken die Möglichkeit zur
Selbstkontrolle und Selbstregulierung; sie schränken die Gefahr
der Manipulation bedeutsam ein.
Insofern ist die Interpretation der lerntheoretischen Auffassung
und des dieser Auffassung zugrunde liegenden Menschenbildes durch
GUSS, daß die erziehenden (formenden, gestaltenden, ordnenden)
Kräfte ausschließlich im Erziehen liegen, nicht zutreffend. Es
handelt sich vielmehr um Interaktionen, um Wechselwirkungen: das
Individuum nimmt Informationen seiner Umwelt auf, verarbeitet
sie und wirkt auf die Umwelt zurück. Dabei handelt es sich eben
nicht um ein lediglich reaktives oder nur unspezifisch aktives
Verhalten. Das Individuum nimmt Bewertungen vor, ruft die Verhaltensweisen aus seinem Verhaltensrepertoire ab, die ihm in der
Interaktionssituation angemessen erscheinen und indem es so handelt, entwickelt es sich bereits weiter.
Von marxistischer Seite richtet sich die Kritik an lerntheore-
tisch orientierten Modellen behavioristischer oder neobehavioristi-
scher Art vor allem dagegen, daß subjektive Komponenten (Bewußtsein, Freiheit u.a.) ausgeklammert werden oder aber durch opera-
tionalisiertes Vorgehen objektivierbar gemacht werden. So weist

ROSEMANN darauf hin, daß "in der vorgeblich 'zufälligen Verstär-
kungsstruktur des individuellen Lebens ... sich die ideologisch
überhöhten Prinzipien des Konkurrenzkapitalismus und der gemein-
hin propagierten 'menschlichen Freiheit' wieder(-finden)."[23]

Dazu ist anzumerken, daß die Aussagen einer marxistisch orientierten Psychologie in untrennbarem Zusammenhang mit fundamen-
talen Aussagen der marxistischen Philosophie, insbesondere der
materialistischen Dialektik und des historischen Materialismus,
stehen.
Die Diskussion jener Menschenbilder, die psychologischen Konzeptionen zugrunde liegen, zwingt zu einer permamenten Reflexion
der Ergebnisse, die im Rahmen von psychologischen Schulen entwickelt wurden und deren Ableitungen für die pädagogische Praxis.
Wenn es dem Psychologen als oberstes Ziel darum geht, individuelle Entwicklung im Sinne von Selbstverwirklichung zu unter-
stützen, so bedeutet das u.a. "Konzeptualisierung und wissen-
schaftskritische Begründung eines auf die jeweils individuellen
Gegebenheiten bezogenen Sollmodells menschlichen Handelns und
Erlebens unter Berücksichtigung einer problemangemessenen Anti-
zipation der Konsequenzen eventueller intervenierender Maßnahmen
auf der Basis des von der Psychologie akkumulierten Bedingungs-,
Handlungs- und Präventivwissens."[24]

Der ständige Dialog um den normativen Aspekt des psychologischen
Handelns ist eine zwingende Aufgabe insbesondere des Psychologen,
der im Rahmen des Erziehungsfeldes tätig wird. Dieser Dialog zielt
schließlich immer auf die Analyse des jeweils geltenden oder vorgestellten allgemeinen Menschenbildes.

1) Thomae, H. u. Feger, H.: Hauptströmungen der neueren Psychologie, Ffm., Bern, Stuttgart 1969, S. 2.

2) Metzger, W.: Psychologie in der Erziehung, Bochum 1971,
S. 15.

3) Roth, H.:   Pädagogische Anthropologie II, Entwicklung
                    und Erziehung, Hannover 1971, S. 188.

4) Holzkamp, K.:   Kritische Psychologie, Frankfurt/Main 1972,
                    S. 36.

5) Holzkamp, K.:   a.a.O. S. 36.

6) Holzkamp, K.:   a.a.O. S. 36.

7) Roth, H.:   a.a.O. S. 38.

8) Holzkamp, K.:   a.a.O. S. 38.

9) Guss, K.:   Psychologie als Erziehungswissenschaft,
                    Stuttgart 1975, S. 54.

10) Guss, K.:   a.a.O. S. 54

11) Allport, G.W.: Europäische und amerikanische Theorien der
                    Persönlichkeit, in: v. Bracken u. David,
                    Perspektiven der Persönlichkeitstheorie,
                    Bern - Stuttgart 1958.

12) Arnold, W.:   Lexikon der Psychologie, Freiburg 1976, S. 710.

13) Guss, K.:   a.a.O. S. 54.

14) Guss, K.:   a.a.O. S. 56.

15) vgl. u.a. Zigler, E.F. and Child, I.L., Socialisation, in:
                    G. Lindzey and E. Aronson (Hrsg.), Handbook
                    of Social Psychologie, Vol. III, Reading/Mass.
                    1969.

16) Skinner, B.F.: Futurum Zwei 'Walden Two' - Die Vision einer
                    aggressionsfreien Gesellschaft, Hamburg 1972.

17) Guss, K.:   a.a.O. S. 78.

17a) Guss, K.:   a.a.O. S. 78.

18) Guss, K.:   a.a.O. S. 62.

19) Guss, K.:   a.a.O. S. 58.

20) Schneewind, K.A.: Zum Selbstverständnis der Psychologie als
                    anwendungsorientierter Wissenschaft vom
                    menschlichen Handeln und Erleben, Psych.
                    Rundschau 1973, Heft 4, XXIV. Jahrgang,
                    S. 235.

21) Kanfer, F.H. u. Goldstein, A.P.: Möglichkeiten der Verhal-
                    tensänderung, München 1972, S. 1.

22) Schneewind, K.A.: a.a.O. S. 245.

23) Rosemann, H.: Systeme und Richtungen, Berlin 1973,
S. 49.

24) Schneewind, K.A.: a.a.O. S. 238.

Franz   F l i n t r o p

Die "Anthropologische Wende" der Neuzeit

Die Frage nach dem Wesen des Menschen ist immer eine Auseinandersetzung mit sich selbst und der Welt und so von jeher ein zentrales Problem menschlichen Denkens überhaupt. Im ersten Beitrag der
Philosophie zur Frage nach dem Menschen (von H.F. Bartig) wurde
die Lehre des Aristoteles zur Sprache gebracht. In strenger und
genauer Analyse seiner Gedanken wurde deutlich, wie Aristoteles
versucht, das Chaos des "Meinens" und des "Sich Zurechtlegens"
durch die Klarheit des Begriffes und die Ordnungskraft eines
stimmigen kategorialen Gefüges zu überwinden. Nun stellt diese
Bemühung um eine wissenschaftliche Bewältigung der Probleme nicht
nur einen der Höhepunkte in der antiken Philosophie dar, sondern
ist zugleich Zeugnis für die "Anthropologische Wende" in der Philosophie der Griechen.
Diese Wende kommt nicht von ungefähr. W. Rüegg weist in seiner
Einführung in Sinn und Wesen der Philosophie in der antiken
Geisteswelt darauf hin, daß der Mensch sich und seine Welt dann
explizit thematisiert, wenn er in eine Krise geraten ist. So
suchten die Physiker des 6. Jahrhunderts "aus dem Erlebnis einer
Gesellschaftskrise heraus ein neues Einheitsprinzip in der Natur
der Dinge selbst". Später wurde der Sinn des von Nietzsche mit
Recht als titanisch angesehenen Erkenntnisdranges fragwürdig und
eine weitere Krise "entsprang ... zutiefst dem Verhältnis des
Menschen zum Göttlichen", eine Krise, die Sokrates zum Schicksal
wurde. "Leben und Tod des Sokrates haben für die abendländische
Philosophie dieselbe Bedeutung einer Zeitwende erhalten wie Geburt und Kreuzigung Christi für unsere Geschichte." (Rüegg 1967)

Dieser Beitrag soll nun die "Anthropologische Wende" der Neuzeit
behandeln und dabei ihre Eigenart und Besonderheit deutlich machen
sowie die Nähe philosophischer Problemlösungsversuche zu Theologie
und Glaube dartun.

Es war davon die Rede, daß die Philosophie zu allen Zeiten zwar
implizit nach dem Menschen gefragt hat, daß diese Frage aber dann
explizit thematisiert wird, wenn sich der Mensch durch eine Kri-
senerfahrung selbst fragwürdig geworden ist. War das auch in der
Neuzeit der Fall?

"Not lehrt denken", so beginnt E. Bloch seinen "Zugang" zur Philosophie (Bloch 1965), und E. Stammler weist auf die Tatsache hin,
daß unsere Zeit von "dieser Frage auf das entschiedendste bedrängt" wird, weil das Interesse an der Frage: Wer ist das eigentlich - der Mensch? "keineswegs nur akademischer Art, sondern vor
allem dort zu beobachten ist, wo konkrete Entscheidungen auf dem
Boden der Politik und der Gesellschaft fällig sind." (E. Stammler
1973) Diese Situation hat sich schon im vorigen Jahrhundert ange-
bahnt. Die industrielle Revolution und die gesellschaftlichen Um-
wälzungen, das Chaos und die Greuel zweier Weltkriege, schließlich
der Eintritt ins Atomzeitalter haben den Menschen "unsicher in den
Regungen seines Geistes gemacht." Dies "ist vielleicht eine der
treffendsten Beschreibungen, die wir dem Zustand der Menschen in
unserer heutigen Krise geben können." Sie ist darin begründet,
"daß zum ersten Mal im Laufe der Geschichte der Mensch auf dieser
Erde nur noch sich selbst gegenübersteht, daß er keine anderen
Partner oder Gegner mehr findet." Auch dann, wenn der Mensch auf
die Welt zugeht, "begegnet er sich selbst", weil diese Welt nicht
einfach Natur ist, sondern weithin eine vom Menschen selbst geschaffene Welt. (W. Heisenberg 1955)
Diese durchaus zutreffenden Analysen könnten die Meinung aufkommen lassen, daß es "äußere" Ereignisse und gesellschaftliche oder
naturwissenschaftlich-technische Wandlungen seien, die allein für
diese Krise verantwortlich gemacht werden müßten. Das trifft nicht
zu. In einer Sendung des Deutschlandfunks sprach O. Schatz über
"Würde und Freiheit des Menschen." An den Anfang stellte er einen
Aufsatz, den Max Scheler im November 1926 in der Monatsschrift
"Die neue Rundschau" veröffentlichte. Er trug den Titel "Mensch
und Geschichte". Darin schreibt Scheler u.a.: "In keinem Zeitalter
sind die Ansichten über Wesen und Ursprung des Menschen unsicherer,
unbestimmter und mannigfacher gewesen als in dem unseren ... Wir
sind in der ungefähr zweitausendjährigen Geschichte das erste
Zeitalter, in dem sich der Mensch völlig und restlos 'problematisch' geworden ist; in dem er nicht mehr weiß, was er ist, zugleich aber auch weiß, daß er es nicht weiß. Und nur indem man
einmal mit allen Traditionen über diese Frage völlig tabula rasa
zu machen gewillt ist und in äußerster methodischer Entfremdung

und Verwunderung auf das Mensch genannte Wesen blicken lernt,
wird man wieder zu haltbaren Einsichten gelangen können." O. Schatz
fährt dann fort: "Daß sich heute der Mensch völlig und restlos
'problematisch' geworden ist, wird man auch aus der Sicht des Jah-
res 1976 voll und ganz unterschreiben können und zwar ungeachtet
der enormen Fortschritte, die die empirischen Humanwissenschaften
in den letzten 50 Jahren erzielen konnten: eine Einheit in den Ansichten über die 'Natur des Menschen' ist heute weniger denn je in
Sicht und die Frage ist, ob sie - wenn man einmal von höchst du-
biosen Totalsynthesen absieht - überhaupt noch zu erreichen ist."
(O. Schatz 1976)
Genau hier liegt eine entscheidende Besonderheit der Krise unserer
Tage und ein Charakteristikum der "Anthropologischen Wende" der
Neuzeit überhaupt.

Hatten ehedem Philosophie und Theologie als die entscheidenden
wissenschaftlichen Disziplinen gegolten bei dem Versuch, zu sagen,
was oder wer der Mensch sei, so haben später die rasch fort-
schreitenden Erkenntnisse der Naturwissenschaften und der empirischen Humanwissenschaften die Führung in diesen Fragen an sich genommen. Mit welchem Ergebnis?, so müssen wir fragen. "Unsere heutige Situation ist dadurch gekennzeichnet, daß die Wissenschaften
nebeneinander mit verschiedenen Methoden eine unübersehbare Vielfalt von Einzelerkenntnissen mit anthropologischer Relevanz hervor-
bringen, ohne daß sich als Summe daraus eine auf einen Nenner zu
bringende Anthropologie ergäbe.
Dabei ist die Frage: Was ist der Mensch? von gesteigerter Bedeutung in einer Welt, die einerseits dabei ist, mehr und mehr zu
einer Einheit zusammenzuwachsen und andererseits in den entscheidenden Fragen des Verständnisses von Welt und Mensch doch immer
mehr auseinanderbricht." (F. Henrich 1976)
Für diese Situation, daß unser Wissen vom Menschen auf weite
Strecken hin eine Anthropologie ohne gemeinsamen Nenner darstellt,
ist eine wissenschaftliche Entwicklung mitverantwortlich, die
krisenauslösend wirkte, zugleich aber auch eine Chance eröffnet.
Man kann das Wesen der neuzeitlichen Geistesentwicklung unter folgendem Gesichtspunkt bestimmen: "Die Einheit des mittelalterlichen

Weltbildes löst sich auf", schrieb R. Guardini 1928. Die Folge
davon sieht er darin, daß "jeder Bereich strebt, sich in sich
selbst zu gründen ..., allein für ihn zuständige Echtheitsmaß-
stäbe zu finden, die daraus entspringenden Normen zu setzen und
nach seiner besonderen, 'kritisch reinen' Methode zu verfahren ...
So entschieden setzt jeder Sonderbereich sich durch, daß über der
Autonomie der einzelnen Gebiete die Einheit des Ganzen verloren-
geht ... Der Wille zu 'kritischer Reinheit' hat wohl die spezifische Selbstbegründung, nicht aber die ebenso wichtige spezifische
Einordnung gesehen ... Heute scheint diese zweite Seite des Problems herauszukommen: das Gefühl für die Totalität der menschlichen Existenz als der Einheit der verschiedenen Gegenstandsberei-
che, Grundakte, Werte und Kriterien, das Gefühl dafür, wie unmöglich die vom absoluten Autonomiewillen herbeigeführte Zusammen-
hangslosigkeit der Bereich ist. Die Probleme der Beziehung, der
Wechselbedeutung, der Einfügung werden dringlich." (R. Guardini
1961)
In diesem Zusammenhang ist es erstaunlich zu sehen, daß bereits
I. Kant in seiner Vorlesung (im Wintersemester 1772/73) über
"Anthropologie in pragmatischer Hinsicht" deutlich macht, daß
die Absicht, "Anthropologie ... 'ijetzt zu einer ordentlichen
academischen disciplin zu machen" nur gelingen kann, wenn die
Totalität menschlicher Existenz dabei nicht aus dem Blick fällt.
"Kants Wende zur Anthropologie hängt auch zeitlich ... zusammen
mit der Ausbildung der vernunftkritischen Einsicht, daß die
traditionelle Schulmetaphysik nur mit 'Gedankendingen' und die
mathematische Naturwissenschaft nur mit 'Erscheinungen' sich be-
faßt. Indes: Die menschliche Lebenswelt, die nicht auf die wirk-
lichkeitslose 'Verstandeswelt' und nicht auf die totalitätslose
Wirklichkeit der 'Sinnenwelt' sich reduzieren läßt ... gerade
diese Lebenswelt verlangt nach philosophischer Theorie ... als
deren neues philosophisches Organ die Anthropologie nötig wird."
(O. Marquard 1976)
So ist Anthropologie philosophische Reflexion über den Menschen
in seiner Lebenswelt. War Philosophie von jeher "Welterkenntnis
und Selbsterkenntnis zugleich und das Mühen um die Frage, was
ich selbst in dieser Welt und was diese Welt mir selber soll"

(A. Hübscher 1967), dann gilt das in besonderem Maße für die
Anthropologie. Allerdings kann dieser Anspruch nur erfüllt werden, wenn bedacht wird, daß das Einzelne seinen genauen Ort und
Sinn erst durch seine Stellung im und zum Ganzen erhält, dieses
Ganze aber nur glaubwürdig ist, wenn es auch im Detail stimmig
ist. Wie brisant dieses Wechselspiel von a priorischer Spekulation
und a posteriorischer Empirie ist, zeigen die Fragen, vor denen
sich die Anthropologie heute findet. "Die gewaltige Explosion des
technologischen Wissens hatte zunächst zu der triumphierenden Zuversicht geführt, daß es in der Welt nichts mehr geben werde, was
für den Menschen nicht machbar sei. Heute nun überfällt ihn von
allen Seiten die erschreckende Erfahrung, daß ... der Mensch nicht
nur aus eigener Freiheit alles zu machen vermag, sondern daß er
selbst von seinen Produkten gemacht wird, daß er zwar die Welt zu
gewinnen versucht und dabei doch seine Seele zu verlieren droht.
Offensichtlich sind wir in eine Zeit eingetreten, in der sich der
Mensch dieser Gefahr zu erwehren beginnt; darum begnügt er sich
nicht mehr mit der pathetischen Proklamation, der Mensch stehe im
Mittelpunkt, sondern er will wissen, wer eigentlich dieser Mensch
ist und wie er zur Mitte werden kann." (Stammler a.a.O.) Bei dieser Sachlage ist es denn auch nicht verwunderlich, daß heute die
vielen Anthropologien (die medizinische, die biologische, die
pädagogische, die Kultur- und Sozialanthropologie) blühen und daß
die phaenomenologisch, spekulativ oder mit dialektischer Methode
betriebenen Anthropologien eines signalisieren: Jegliches Sachge-
biet, jedes Verfahren, jeder Wissenschaftsbereich und jedes Tätig-
keitsfeld, das auf sich hält, muß sich durch den Besitz "anthropologischer Grundlagen" und deren Offenlegung ausweisen können.
Das gilt auch für die Theologie. A. Gehlen spricht in diesem Zusammenhang von einer "gewissen Kursgängigkeit" des Wortes Anthropologie. Hinter der heute recht allgemeinen Verwendung und Ausbe-
reitung des Wortes stehe eine wichtige Zeittendenz, zu der wir uns
zurückfragen müßten. - Ein Blick auf den Problemkatalog läßt an
Aktualität und Dringlichkeit der Frage nach dem "Menschenbild"
keinen Zweifel aufkommen. Da ist die Verlegenheit, wenn nach Zielvorstellungen gefragt wird, auf die hin geplant und organisiert
werden soll,in den Diskussionen bei der Frage nach dem Menschen

als dem Wertträger und Wertziel all der Veranstaltungen im Bereich
von Gesellschaft, Bildung Politik usw. Auch "Lebensqualität" als
Indikator für gesellschaftliche Reformstrategie bedarf der Klärung
folgender Fragen: Was macht das Leben lebenswert? Welche Rangord-
nung der Werte ist im Falle eines Zielkonfliktes dem Menschen angemessen? Worin soll er seine Erfüllung und sein Glück finden?
"Diese Frage", sagt Stammler, "wird zwar gern mit den 'wahren Be-
dürfnissen' beantwortet, aber wodurch sich diese Wahrheit definieren und begründen soll, bleibt offen - es sei denn, daß sie von
einer ideologisch fixierten Minorität diktiert wird. Darüber
hinaus braucht es ein gründliches Nachdenken, ob es denn überhaupt
nur die Bedürfnisse sind, an denen der Mensch seine Glückserwartun-
gen abzulesen hat ..." (O. Schatz, a.a.O.)
Und schließlich noch ein Wort zu der bereits angesprochenen welt-
weiten Dimension der anthropologischen Problematik: Wie verträgt
sich z.B. das zweckrationale Denken der europäischen Völker mit
den Bewußtseinsstrukturen in den Kontinenten der Dritten Welt?
Ruht nicht das Nord-Süd-Gefälle auch auf anthropologischen Differenzen und der Ost-West-Konflikt nicht auf unterschiedlichen Auffassungen von Würde und Wesen des Menschen?

So viel Brisanz diese Fragen enthalten, so ist für die philosophische Anthropologie die Tatsache, daß der Mensch nach sich selber fragt und die Art, in der er das tut, von nicht minder großer
Bedeutung. Als von der Anthropologischen Wende in der griechischen
Philosophie die Rede war, fiel der Name des Sokrates, des Mannes,
der am hellichten Tage mit einer Laterne in der Hand auf dem Markt-
platz von Athen einen Menschen "suchte". Was ihn sowohl von den
Physikern als auch von den Sophisten unterschied, war dieses:
Philosophie bedeutete ihm nicht Besitz der Erkenntnis, kein ver-
fügbares Gut, sondern der Akt des Fragens und des Suchens selbst,
das Streben nach Weisheit. Er wußte, wie es später in der Einleitung zur Phaenomenologie des Geistes Hegel formulierte, "daß die
Wahrheit nicht eine ausgeprägte Münze ist, die fertig gegeben und
so eingestrichen werden kann." Es ist also durchaus erfolgver-
sprechend, wenn man sich die Tatsache und die Art des Fragens nach
sich selber einmal anschaut und beides nicht einfach als Selbstver-

ständlichkeit nimmt.

Ein englischer Professor wurde von seinen Studenten bedrängt, auf die Frage zu antworten "Stammt der Mensch nun vom Affen ab oder nicht?" Darauf antwortete er: "Selbst wenn der Mensch vom Affen abstammt, dann ist er mit Sicherheit der einzige Affe, der danach fragt, was für ein Affe er ist." In der Tat, diese Antwort macht deutlich, daß die Frage des Menschen nach sich selbst ihm wesenseigen ist. Ein gewisses Verstehen seiner selbst und der Welt beseelt stets das Handeln des Menschen. Es ist eine spontane und notwendige Daseinsorientierung, die dann durch weiteres Nachdenken reflektiert wird. Nun setzt jede Frage ein gewisses Verständnis seiner selbst voraus, aber das Verständnis ist nicht so erhellend, daß der Mensch nicht mehr weiter zu fragen brauchte. Er kann seiner selbst nie sicher sein. "Daher", so sagt G. Scherer, "tritt ihm in der anthropologischen Grundfrage seine eigene Seinsverfassung entgegen. Weil der Mensch nur in der Frage nach sich selbst zu existieren vermag, enthalten die philosophischen Versuche aller Zeiten, aber auch Mythos und Religion, Versuche des Menschen, Antwort zu finden auf die Frage, die er selber ist." (G. Scherer 1965)

Der Mensch als Geistwesen, das er ist, muß sich selbst interpretieren, weil er nicht (wie der unendliche Geist) in der Identität von Sein und Selbstbewußtsein ruht. Diese Situation macht den einzigartigen Rang des Menschen im Kosmos aus. "Daß er diese Frage immer neu stellen muß, beruht auf der Geschichtlichkeit seiner Existenz. Nicht nur verschiedene Epochen, sondern auch unterschiedliche Positionen führen dabei zu jeweils anderen Antworten. Der Mensch ist kein eindeutiges Wesen, daß ein für allemal zu definieren wäre, und er entzieht sich auch einer eindimensionalen Optik, die ihn auf einen einzigen Nenner bringen möchte." (E. Stammler a.a.O.)

Als natura rationalis schon immer bei sich zu sein und dennoch erst im geschichtlichen Vollzug dieses Selbstverständnisses zu sich selbst zu kommen und sich zu er-leben, das macht den Kern der anthropologischen Frage und des Menschen selbst aus.

So gilt es festzuhalten, daß der Mensch zu seiner Lebensführung eines gewissen Selbstverständnisses bedarf und im gelebten Voll-

zug dieses Verständnisses sich selbst auslegt und gewinnt.
Geheimnisvoll ist er für sich selbst und nur schwer leuchtet er
in das eigene Dunkel hinein. Der Mensch ist eine offene Frage.
Nun könnte man meinen, diese Frage, zumindest aber die Dringlich-
keit und Schärfe, mit der sie heute gestellt wird, habe ihren
Grund im "Verlust der Mitte" oder in der Schwäche des Glaubens.

Thomas von Aquin beginnt den zweiten Teil seiner Theologischen
Summe mit dem lapidaren Satz: "Weil der Mensch geschaffen ist als
Ebenbild Gottes, darum bleibt jetzt, nachdem von Gott, dem
Ur-bild, gehandelt worden ist, noch übrig, von seinem Abbild zu
reden, nämlich vom Menschen." Hier scheint noch alles klar und
eindeutig zu sein. Aber J. Pieper macht in seiner Schrift "Über
das christliche Menschenbild" darauf aufmerksam, daß eine solche
Ansicht den wahren Sachverhalt verkennt: "Es ist mit diesem Satz,
wie mit so vielen Sätzen des heiligen Thomas von Aquin: die
Selbstverständlichkeit, mit der er, so ganz ohne Aufhebens sozusagen, ausgesprochen wird, verdeckt leicht die Tatsache, daß sein
Inhalt durchaus nicht selbstverständlich ist." (Pieper 1950)
Wer von der These ausgeht: "Nur wer Gott kennt, kennt den Men-
schen", der muß zugleich sagen: Gott - auch der Gott der christ-
lichen Offenbarung - ist der "Deus absconditus", das verborgene
Geheimnis schlechthin. So ist es auch nur konsequent, wenn H.
Plessner den Menschen als ein in der Welt ausgesetztes Wesen, das
sich selbst verborgen ist, als "Homo absconditus" bezeichnet.
Daß der Mensch eine "offene Frage" ist, kommt nicht aus Glaubens-
schwäche und Verlust der Mitte, sondern ist Ausdruck für ein
Wesensmerkmal menschlichen Seins: für seine Undefinierbarkeit und
damit für seine Unverfügbarkeit. "Was sich durch eine aufs Objektive gerichtete Phaenomenologie am Menschen feststellen läßt,
trifft ihn nicht in seinem Wesen. Diejenigen Eigenschaften aber,
durch die der Mensch wesentlich zu charakterisieren wäre, sind
aber gerade nicht objektiv verfügbar." (O. Schatz a.a.O.)
In diesem Paradoxon drückt sich die Tatsache aus, daß der Mensch
einen besonderen Charakter von Einmaligkeit und Individualität
besitzt: die Einmaligkeit der Person, die nur ausgedrückt ist im
Namen. Dafür hat die Gemeinde der Brüder von Taizé einen gerade

jungen Menschen tief betroffen machenden Brauch gefunden: man gibt
dem Gast einen blanken Kieselstein mit dem Hinweis auf den Text der
Geheimen Offenbarung des Johannes, der lautet: "Dem Sieger will ich
geben einen weißen Stein, und auf dem Stein geschrieben einen neuen
Namen, den niemand kennt, als der, der ihn empfängt." (Geh. Offb.
2,17) Dies ist kein intellektuelles Glasperlenspiel, sondern der
Versuch, in Bild und Zeichen eine Deutungsformel des Menschen anzubieten, die nicht aus objektiv kontrollierbarem Tatsachenwissen
hergeleitet ist, aber der Tatsache Rechnung trägt, daß der Mensch
eine offene Frage ist und bleiben muß.

Hier wird eine besondere Affinität zwischen philosophischer Anthropologie und der Theologie deutlich. Dazu noch einige Hinweise.

Arnold Gehlen sieht im Menschen ein Wesen, zu dessen wichtigsten
Eigenschaften es gehört, zu sich selbst Stellung nehmen zu müssen,
wozu aber ein "Bild", eine Deutungsformel notwendig ist. "Ob sich
der Mensch als Geschöpf Gottes versteht oder als arrivierter Affe,
wird einen deutlichen Unterschied in seinem Verhalten zu den wirk-
lichen Tatsachen machen; man wird in beiden Fällen auch in sich
sehr verschiedene Befehle hören." (Gehlen 1958)

Damit ist gesagt, daß jede Deutungsformel des Menschen, die das
wirkliche Handeln motiviert, auch das Ergebnis glaubensmäßiger
oder weltanschaulicher Vor-Entscheidungen ist, die allesamt im
Bereich von "Ungewißheit und Wagnis" liegen.

Ebenso spricht Karl Rahner in seinen Meditationen: "Gott ist
Mensch geworden" in einer Art "Theologie von unten her", die mit
der Erfahrung des konkreten Jesus beginnt, von dieser Stellung des
Menschen zu sich selbst und zur Welt.

"Sie (die Zeitgenossen Jesu) erfuhren einen Menschen, wie sie
selbst waren ... Auch das enttäuschend leere Scheitern ... war
auch nur der Schlußstrich unter eine Erfahrung, daß hier ein
Mensch gelebt hatte mit der antwortlosen Fraglichkeit des Menschen ... Ein menschliches Leben ist die Geschichte einer Freiheit,
die kreativ ein Leben gestaltet und nicht nur die zwanghafte Aus-
einanderlegung dessen ist, womit ein Mensch sein Leben antritt ...
Auch eine Christologie ... darf mit Recht, wie es schon die neu-
testamentlichen Schriften bezeugen, zur Geburt dieses Jesus zu-
rückgehen, weil er als der, der sich später zeigt, von vornherein

von Gott gewollt sein mußte, und zwar unbedingt, wenn er nicht
bloß ein Mensch sein sollte, der noch vor der offenen Frage für
sich und für uns steht, ob die Einheit mit Gott in Freiheit gelingt oder in Schuld scheitert, sondern der Mensch, in dem greifbar für ihn und als Verheißung für uns der Sieg Gottes in der
Freiheit des Menschen Ereignis wird." (K. Rahner 1975) "Antwort-
lose Fraglichkeit", "die Geschichte einer Freiheit" und das Wagnis
des "Gelingens und Scheiterns": das ist der erregende Inhalt der
Frage, die der Mensch sich selber ist.
In einem ähnlichen Ansatz, einer Theologie "von unten her", d.h.
ausgehend von den inneren und äußeren Erfahrungen des Menschen,
kommt H. Thielecke zu der Aussage, daß dem Menschen eine "fremde
Würde" eigen sei. Nicht in seinen Eigenschaften, sondern in seinen "Außenschaften", nämlich im Bezug zu dem, der den Menschen
erschafft, anspricht, beruft und ihm Ziele gibt, gründet sich diese Würde. (H. Thielecke 1976)
In einer Zeit, die sich daranmacht, ganz ungeniert den Menschen
nach seinen Funktionen zu werten, sind solche Gedanken äußerst
befreiend.
Nach dieser "Grenzüberschreitung" in Richtung einer Theologischen
Anthropologie, die im Sinne einer Ringvorlesung die "Nahtstellen"
zwischen beiden verdeutlichen sollte, nun der Versuch, in einigen
Thesen den Ertrag dieser Untersuchung zusammenzufassen.

Die anthropologische Frage hat nach M. Buber zwei Grundgestalten:
Epochen der "Behaustheit und Epochen der Hauslosigkeit", je nachdem, wie das Verhältnis von Mensch und Welt erlebt und interpre-
tiert wird.

So versucht M. Scheler in seinem Buch "Vom Ewigen im Menschen",
den Menschen von der Mitte her zu definieren, dagegen fragt das
Werk "Die Stellung des Menschen im Kosmos" vom Rande her, d.h.
nach dem Unterscheidenden, das dem Menschen seinen Ort und Rang
im All zuweist und ihn so gleichzeitig einweist in das Ganze der
Welt und der Natur. Daher ist der Zusammenhang zwischen Selbstverständnis und Weltverständnis bei allen Aussagen der Anthropologie zu beachten. (Siehe dazu: W. Heisenberg: "Naturbild der

heutigen Physik", in dem gesagt ist: der Mensch begegnet sich
selbst, wenn er auf die Welt zugeht, weil diese Welt nicht Natur
ist, sondern eine vom Menschen gestaltete Welt.)

Der Mensch ist unentrinnbar vor die Frage gestellt: Was (genauer:
wer?) ist der Mensch? Als Frage setzt sie ein gewisses Verständnis seiner selbst voraus, aber das Verständnis ist nicht so erhellend, daß er nicht mehr zu fragen brauchte. So tritt dem Menschen seine eigene Seinsverfassung in dieser Fragenotwendigkeit
entgegen: er ist endlicher Geist, der sich selbst interpretieren
muß; er ruht nicht in der Identität von Sein und Selbstbewußtsein.
(Siehe: Scherer, Anthropologische Aspekte der Erwachsenenbildung)

Was sagt nun die philosophische Anthropologie über den Menschen,
und wie sagt sie es?
Will die Anthropologie a priorische Spekulationen und Deduktionen
aus Prinzipien vermeiden, und will sie sich nicht als empirische
"Tatsachenwissenschaft" (Husserl) beschränken lassen, dann bleibt
nur der phänomenologische Aufweis durch Analyse der Lebensvoll-
züge des Menschen.
Der Mensch ist ein Wesen, das in "Spannungen" lebt, die unaufheb-
bar sind. Solche sind: Immanenz und Transzendenz, d.h. das "in sich
sein" und das "über sich hinaus" des Menschen. Ferner die Erfahrung der Endlichkeit und des unbedingten Anspruches (z.B. im Sitt-
lichen), dem der Mensch ausgesetzt ist. Und schließlich ist auch
die Spannung von Personalität und Gesellschaft nicht zu lösen,
sondern je neu als Aufgabe zur Bewältigung gestellt.
In der Sorge, in der Kommunikation, dem Mit-sein, d.h. dem Leben
vom anderen Menschen her und auf ihn hin; in der Tatsache, daß
ein Mensch in dem "einen Notwendigen" etwas erfährt, das ihm als
Unbedingtes aufgeht und angeht: in all dem er-lebt der Mensch,
wer er ist. Er ist ein dauernd sich selbst transzendierendes
Wesen (Jaspers), das nur darin zu sich selbst kommt, daß es sich
öffnet für die Liebe und in der Liebe. Sie ist Hoch-zeit des
Menschen mit Sein und Sinn, der nicht durch einen Zweck, sondern
durch sich selbst gerechtfertigt ist.

Philosophische Anthropologie bietet kein "Menschenbild", aber
reale Aspekte des Menschen, die sich in seinem Daseinsvollzug
offenlegen. Denn der Mensch "ist" nicht einfachhin, sondern er
"ist" in der Weise des Werdens. Dieses ist nicht festgelegt durch
Naturgesetze und Instinkte und damit entsichert in der Freiheit.
Würde des Menschen und Gefährdung liegen beieinander (vgl. R.
Guardini, Grundlegung der Bildungslehre).

Dieser Gegebenheit seiner Existenz und der oben gezeichneten
Situation der Spannung kann der Mensch auf verschiedene Weise
begegnen: er kann sie hinnehmen als unaufhebbare Tragik, er kann
sie aber auch auffassen als weitertreibende Aufgabe in eine je
neue Zukunft, und schließlich kann er sie als faszinierende
(faustische) Größe deuten und erfahren. Immer aber bleibt er
unterwegs von der Seinsmöglichkeit in die Seinswirklichkeit seines
persönlich übernommenen und verantworteten Menschentums.

Literatur

Bloch, Ernst: Tübinger Einleitung in die Philosophie I.
                         Frankfurt 1963, S. 12 u. 141 f.

Gehlen, Arnold: Der Mensch, seine Natur und seine Stellung
                         in der Welt. 6. Aufl., Bonn 1958, zit. b.
                         O. Schatz a.a.O.

Heisenberg, Werner: Das Naturbild der heutigen Physik.
                         Hamburg 1955, zit. b. Arthur Hübscher:
                         Denker unserer Zeit II. München 1961, S. 278

Massner, Norbert: Christliche Erziehung als Ermächtigung und
                         Bildung zur Freiheit - Zur pädagogischen
                         Bedeutung der theologischen Anthropologie
                         Karl Rahners. In: Vierteljahresschrift für
                         wissenschaftliche Pädagogik. München 1971,
                         Heft 2, S. 105 ff.

Pieper, Josef: Über das christliche Menschenbild.
                         München 1950, S. 7

Rahner, Karl: Gott ist Mensch geworden. Meditationen.
                       Freiburg 1975 S. 24 u. 46

Rüegg, Walter: Antike Geisteswelt I. Eine Sammlung klassi-
                       scher Texte. München 1964, S. 10 ff.

Schatz, Oskar: Würde und Freiheit des Menschen. Überlegungen
                       zur christlichen Anthropologie. Eine Sendung
                       des Deutschlandfunks v. 10. Dez. 1976.

Stammler, Eberhard: Wer ist das eigentlich - der Mensch?
                       München 1973, S. 7

Helmut   S t u r m

Gedanken zum Menschenbild der Biologie

1. Vorbemerkung

In den folgenden Ausführungen werde ich an einigen Stellen den
Bereich des naturwissenschaftlich-biologisch Beweisbaren bewußt überschreiten. Ich hoffe, daß ich solche Grenzüberschreitungen und Subjektivitäten durch die Art der Formulierung ge-
nügend kenntlich machen kann. Gründe für dieses Vorgehen sehe
ich 1. in der Tatsache, daß ich hier Thesen, also nicht allgemein anerkannte Setzungen, vertreten soll, die zwar den biologischen Tatsachen nicht widersprechen dürfen, aber als persönliche Wertungen darüber hinausgehen sollten, 2. in dem Erfor-
dernis, daß an einer Pädagogischen Hochschule der fachliche
Bezug durch den pädagogisch-didaktischen Aspekt ergänzt werden
sollte. Als wesentliches Kennzeichen dieses Aspektes sehe ich
das Bestreben an, dem Menschen als ganzheitlich Anzusprechendem,
als ganzheitlich zu Bildendem zu begegnen und sich nicht nur
für sein Fachwissen verantwortlich zu fühlen. Auch dies bedingt
Grenzüberschreitungen. Beides führt mich zu einer ersten These,
die ich folgendermaßen formulieren möchte: Grenzüberschreitungen sind dann legitim, wenn sie bewußt geschehen, ausdrücklich
als solche gekennzeichnet werden, nicht gegen objektiv beweis-
bare Tatsachen verstoßen und gezielt zur Klärung von Zusammenhängen eingesetzt werden.

2. Einleitung

Das Menschenbild der Biologie hat viele Aspekte und Versionen.
Auch wenn wir uns hier auf die rein naturwissenschaftlich fundierte Biologie beschränken, bleibt diese Vielfalt erhalten.
Sie ist letztlich bedingt durch die Komplexität schon des biolo-
gisch faßbaren Phänomens Mensch, die durch die Frage nach dem
Menschenbild voll angesprochen ist, bedingt aber auch durch die
Subjektivität der Persönlichkeiten, die diese - sehr oft wer-
tende - Zusammenschau der von der Biologie bereitgestellten
Tatsachen vollziehen. Eine kleine Auswahl von Aspekten sei
hier in Form von Buchtiteln und von Kapitelüberschriften wieder-
gegeben:
"Liebe und Haß", "Die Biologie der 10 Gebote", "Sind wir

Sünder?", "Naturgesetze der Ehe", "Das sogenannte Böse - Zur
Naturgeschichte der Aggression", "Die angeborenen Formen mög-
licher Erfahrung", "Technik des Lebendigen", "Homo - unsere
Ab- und Zukunft", "Anthropologie des Krankhaften", "Die mani-
pulierte Seele", "Künstliches Leben", "Ist der Tod notwendig?"
"Genetik-Ingenieure", "Die Zukunft, falls wir sie erleben".

Es scheint deshalb angebrachter, von Menschenbildern bestimmter Biologen zu sprechen als von einem, falsche Vorstellungen
von Einheitlichkeit weckenden, Menschenbild der Biologie.

3. Zur Sonderstellung des Menschen

Hier soll zunächst ein Aspekt herausgegriffen werden, der das
Charakteristische der biologischen Betrachtungsweise und ihre
spezifische Problematik besonders deutlich aufzuzeigen vermag,
nämlich die Eigenart bzw. Sonderstellung des Menschen im Reich
des Lebendigen.
Für den Biologen ist der Mensch ein vollwertiges Forschungsob-
jekt, das ganz - wenn auch nicht ausschließlich - dem natur-
wissenschaftlich-biologischen Bereich angehört, sich mit biologischen Kategorien zwanglos erfassen und sich mit anderen
Lebewesen sehr gut vergleichen läßt. Beschränkt man sich bei
einem solchen Vergleich etwa auf den Körperbau und auf den Vergleich mit den Menschenaffen, so treten frappierende Ähnlich-
keiten und teilweise sogar Übereinstimmungen zu Tage. Bewegungs-
apparat und innere Organe sind fast durchweg im Aufbau sehr ähnlich. Wo Unterschiede deutlich sind, sind es solche quantitativer Art, d.h. es handelt sich um Größen- und Proportionsunter-
schiede. So ist das Gehirn des Schimpansen mit seinem durch-
schnittlichen Volumen von 394 cm^3 zwar wesentlich kleiner als
das des Jetztmenschen (ca. 1400 cm^3), zeigt aber einen weitgehend gleichen Aufbau. Auch der Bau des äffischen Greiffußes,
der von dem Schreitfuß des Menschen stärker abzuweichen
scheint, erweist sich von den Bauelementen her als genau entsprechend. Vergleiche anderer körperlicher Merkmale, z.B. der
Bluteiweißzusammensetzung und des Chromosomensatzes, bestätigen

die oben konstatierte Ähnlichkeit. Insgesamt gesehen müßte man
also die körperlichen Merkmalsunterschiede zwischen Menschenaffen und Menschen als nur quantitative und nicht als qualitative einstufen. Dementsprechend macht es den Biologen auch
keine Schwierigkeiten, Menschenaffen und Menschen auf eine ge-
meinsame - wenn auch dem Aussehen nach z.Z. noch hypothetische -
Ursprungsform zurückzuführen, aus der sich beide Gruppen relativ kontinuierlich entwickelt haben.

Auf körperlichem Gebiet dürfen wir also höchstens Eigenarten
des Menschen suchen - Eigenarten,wie wir sie im Grunde genommen jeder Art von Lebewesen zuerkennen müssen - nicht aber seine Sonderstellung. Diese Feststellung dürfte kaum Ihr Erstaunen
erregen. Sie haben die Sonderstellung des Menschen auch gar
nicht auf diesem so ganz der Naturwissenschaft ausgelieferten
Teilbereich erwartet. Dennoch erscheint es mir wichtig, nochmals herauszustellen, daß der Mensch vom Körperlichen her voll
im Biologischen verwurzelt ist.

Wir dürften dem Problem der biologischen Sonderstellung des
Menschen jedoch näher kommen, wenn wir nach seinem Verhalten
fragen; denn schließlich ist das, was wir als typisch und un-
verwechselbar menschlich bezeichnen möchten, etwa die Benutzung
einer Symbolsprache oder seine Technik und sein Kulturschaffen,
Ausfluß seines Verhaltens. Aber auch in diesem Bereich lassen
sich zunächst eine beachtliche Zahl von Übereinstimmungen mit
dem Verhalten bei Tieren feststellen.
Eine Symbolsprache findet sich schon bei wirbellosen Tieren.
So ist von Bienen bekannt, daß sie Informationen über Entfer-
nung, Richtung und Reichhaltigkeit einer Futterquelle mit Hilfe
von Symbolen an Stockgenossinnen weitergeben können. Allerdings
ist diese Art von Sprache starr und instinktgebunden. Um die
Abstraktionsfähigkeit und Variabilität, wie sie in der menschlichen Sprache zum Ausdruck kommt, zumindest ansatzweise aufzuzeigen, müssen wir uns schon den Wirbeltieren zuwenden. Bei verschiedenen Vogelarten (z.B. Tauben, Kolkraben, Papageien) wies
O. KOEHLER (u.a. 1955) in sehr exakten Versuchen ein "unbe-

nanntes Denken" nach. Es handelt sich dabei ohne Zweifel um die
Fähigkeit, Anzahlen unabhängig von Formen, Anordnungen und Grö-
ßen zu erfassen, also um das, was man üblicherweise Abstraktionsfähigkeit nennt. Noch weiter entwickelt sind die Fähigkeiten des Erfassens und Ausdrückens erwartungsgemäß bei Schimpansen. Ihre Lautsprache läßt sich zwar kaum fortentwickeln,
da ihr im Schläfenlappen gelegenes BROCAsches Sprachzentrum
unterentwickelt ist und ihnen auch im Bereich von Kehlkopf und
Rachen die physischen Voraussetzungen fehlen, klar artikulierte
Laute hervorzubringen. Aber mit Hilfe der Zeichensprache können
sie sich nach entsprechender Dressur schon sehr viel besser
ausdrücken und z.T. weit mehr als 40 Zeichen sinnvoll verwen-
den. Kommt man ihnen mit einer Tastatur zu Hilfe, auf der Kombinationen von Farben und Zeichen bestimmten Wörtern entsprechen, dann bringen sie es sogar zu vollständigen Sätzen, die
sie jeweils mit dem Zeichen "Ende" bzw. einem Punkt beschlie-
ßen.

Ganz sicher sind Abstraktionsfähigkeit und Variabilität des
Ausdrucksvermögens beim Menschen sehr viel höher entwickelt.
Es läßt sich jedoch nicht leugnen, daß für beide Fähigkeiten
im Tierreich deutliche Ansätze vorhanden sind und der Unterschied deshalb wieder nur als ein quantitativer bezeichnet
werden kann. Ähnlich ergeht es uns, wenn wir im Bereich anderer
Fähigkeiten nach solchen suchen, die nur dem Menschen zu eigen
sind: Lernen kommt in voller Ausprägung schon bei wirbellosen
Tieren vor, einsichtiges Handeln, Tradition, Werkzeugbenutzung,
Werkzeugherstellung, das alles findet sich in Vorstufen schon
im Tierreich, wie man leicht an Beispielen zeigen könnte.
Selbst künstlerisches Schaffen scheint zumindest den Menschenaffen nicht fremd. "Gemälde" von Schimpansen bekamen von Kunst-
kritikern, denen man die Herkunft der Werke zunächst ver-
schwieg, z.T. gute bis ausgezeichnete Noten.

Meines Wissens gibt es nur einen, naturwissenschaftlich zumindest teilweise faßbaren Bereich, in dem der Mensch eine Sonderstellung beanspruchen kann. Dies ist die Fähigkeit, sich unabhängig von äußeren Situationen Ziele zu setzen und sie durch

einsichtige Handlungen zu erreichen. Ein Schimpanse vollbringt
seine auf Einsicht beruhenden Leistungen, etwa das Aufeinander-
stapeln von Kisten oder das Öffnen von Steckschlössern, wenn
ihm der Versuchsleiter eine Banane oder einen anderen verlocken-
den Gegenstand in Aussicht stellt. Er malt nur, wenn er gerade
Lust dazu hat und der Versuchsleiter Pinsel und Farbe bereit-
stellt. Ideale als Ziele und Motive für das Handeln kennt ein
Tier anscheinend nicht, wohl auch nicht ansatzweise. Ebensowenig
einen von Trieb, Instinkt und festgefahrenen Assoziationen
freien Willen.

Sollte die Fähigkeit, unabhängig von äußeren Situationen Ziele
zu setzen, eine typisch menschliche sein, dann lohnt es sich
sicher, sie näher zu betrachten und den Versuch zu machen, aus
ihr mehr von der menschlichen Sonderstellung insgesamt zu erschließen. Ohne Zweifel beinhaltet das "Ziele setzen" in dem
oben angedeuteten Sinne eine hochentwickelte Abstraktionsfähigkeit. Denn das Ziel ergibt sich ja nicht oder nicht alleine aus
einer äußeren Situation, sondern es kann den Abstraktionsgrad
von Begriffen wie Gerechtigkeit, Freiheit, Chancengleichheit erreichen oder so entfernte und nur mit einem gewaltigen technischen Aufwand zu erreichende Ziele wie eine Mondlandung ein-
schließen. Diese Fähigkeit beinhaltet weiter ein Höchstmaß an
einsichtigem Verhalten, denn um ein Ziel zu erreichen, muß ich
ja die Ketten von Ursache und Wirkung so beeinflussen - und zwar
durch Einsicht in die Zusammenhänge beeinflussen - daß schließlich das gesetzte Ziel erreicht wird. Dies heißt aber auch, daß
man über die Gegenwart, der das Tier anscheinend sehr stark
verhaftet ist, hinausdenken muß, nicht nur Zukünftiges erahnen
kann, sondern den normalen Zeitablauf in der Vorstellung um-
kehrt, indem man den Fluß der Ereignisse von dem in der Zukunft
gesetzten Ziel zurückverfolgt, seine Kausalbeziehungen analysiert und dadurch Einsicht erhält, wo und wie man diesen Fluß
steuern muß, um ihn auf das gesetzte Ziel hinzulenken. Die Motivation für diese Eingriffe ergibt sich dann ganz von selbst
aus dem einmal gesetzten und als Hauptmotivation und geistiges
Band fungierenden Ziel. Ziele setzen und realisieren vereinigt
also harmonisch und sinnbezogen eine ganze Reihe geistiger

Fähigkeiten, die zwar beim Tier angedeutet,aber nie auf diesem
Niveau und zu diesem Zweck kombiniert sind.

Letztlich macht diese Fähigkeit auch einen Gutteil der Persönlichkeit des Menschen aus. Zwar spricht man auch von Tierper-
sönlichkeiten und meint damit eine ganz spezielle und ganz
charakteristische Ausprägung eines Tierindividuums in Bau und
Verhalten. Aber diese Art von Persönlichkeit ist wiederum nur
die Vorstufe dessen, was man beim Menschen in voller Ausprägung
findet und was ihm einen Gutteil seiner spezifischen menschlichen Würde gibt. Diese beruht letztlich auf seiner Sonderstellung im Bezug auf das Ziele-Setzen und kann dann u.a. an den
Fragen kontrolliert werden: Setzt er sich überhaupt noch Ziele,
die über die Beschaffung des unbedingt Lebensnotwendigen hinausgehen? Welche derartigen Ziele setzt er sich? Wie harmonisieren sie? Wie realisiert er sie? usw. Hier liegt für mich
ein Gutteil der Achtung, die ich meinen Mitmenschen gegenüber
hege, begründet, nämlich in der - biologisch-naturwissenschaft-
lich allerdings nicht mehr voll belegbaren - Erkenntnis, daß
sein freier, Ziele setzender Wille ihn weit über das Tierreich
erhebt, ihm aber auch eine besondere Verantwortung auflädt.
Es scheint deshalb nicht verwunderlich, daß sich auch Pädagogik
und Didaktik dieses Prinzips des bewußten Ziel-Setzens gerade
in den letzten Jahrzehnten besonders angenommen haben, etwa indem sie Projekte und Vorhaben stärker in den Unterricht einbezogen haben wollen. Letztlich reichen die Konsequenzen aus dieser Sonderstellung in alle Bereiche des menschlichen Lebens bis
zur Politik. Ich könnte mich z.B. aus diesen Überlegungen heraus
nicht mit einem politischen System einverstanden erklären, das
mir die Freiheit meiner Zielsetzung, also die freie Entfaltung
einer Fähigkeit, die zu den am typischsten menschlichen gehört,
mehr als unbedingt notwendig einschränkt, sei es durch Diktato-
ren, Funktionäre oder durch eine überzogene zentrale Verwaltung.

Insgesamt gesehen weist die Biologie hier auf eine Fähigkeit
hin, die das rein Biologische deutlich übersteigt, die jedoch
gerade deshalb dem Biologen besonders in die Augen fällt und

deshalb wohl auch in ihrer prinzipiellen Eigenart besonders gut
von ihm beurteilt werden kann.
Auf der anderen Seite müßte das Menschenbild der Biologie auch
sehr deutlich die Begrenzungen aufzeigen, denen der Mensch
aufgrund seiner körperlichen Natur, die voll und ganz den Na-
turgesetzen unterworfen ist, unterliegt.

4. Zur Begrenztheit des Menschen und zu seiner Abhängigkeit von
   seinem biologischen Unterbau

Eine Begrenzung ist so einfach, daß man sie eben deshalb meistens übersieht. Gemeint ist hier die Tatsache, daß der Mensch
und jedes Lebewesen zu einem bestimmten Zeitpunkt meist nur
eine Art von Handeln und Aktivität realisieren kann. An
einem Beispiel erläutert, ein Tier kann nicht zur gleichen Zeit
angreifen und fliehen, es kann nicht gleichzeitig balzen und
Futter suchen. Andererseits hat das Tier und auch der Mensch
grundsätzlich die Möglichkeit, all die genannten Verhaltensweisen und noch einige mehr zu realisieren, sie gehören zu seinem
Verhaltensinventar. Also - müssen wir folgern - muß es Mechanismen geben, die verhindern, daß die Elemente solcher Verhaltensweisen, etwa Fluchtbewegungen, drohendes Aufrichten der
Haare, Kaubewegungen und Einrollen zum Schlafen nicht wahllos
gemischt auftreten. Sie müssen innerlich koordiniert werden
und auf äußere Situationen abgestimmt sein. Bestimmte unsinni-
ge und schädliche Kombinationen müssen unterdrückt werden.
Wäre dem nicht so, dann wäre das betreffende Individuum lebens-
untauglich oder zumindest im Daseinskampf benachteiligt und
würde schließlich der Selektion zum Opfer fallen.

Sicher sind diese koordinierenden und steuernden Mechanismen
nicht alle erlernt. Gerade die grundlegendsten, etwa unbedingte
Reflexe, Instinkthandlungen und Lerndispositionen, sind angeboren, auch beim Menschen. Für den Biologen gibt es gar keinen
Grund, die angeborenen Komponenten menschlichen Verhaltens in
Zweifel zu ziehen. Wir haben gesehen, daß der Mensch körperlich
voll im Biologischen verwurzelt ist, daß er sich seine Sonder-

stellung nicht dadurch erkauft hat, daß er auf biologische
Grundlagen prinzipiell verzichtet hat - was er auch gar nicht
gekonnt hätte -, sondern daß er das Biologische menschlich
überformt hat. Dies gilt auch für sein überwiegend auf nervö-
sen Strukturen basierendes Verhalten. Deshalb erscheint es
wichtig zu wissen, wo im Verhalten das überkommene Erbe zu
Tage tritt und welche Möglichkeiten der Mensch hat, hier spezifisch Menschliches einzubringen.

Überkommenes Erbe sind sicher die angeborenen Reflexe, etwa
der Saugreflex, der dem Säugling die Ernährung sichert, der
Klammerreflex, der ihn sich an der Mutter (ursprünglich am
Fell der Mutter) festhalten läßt, der Pupillenreflex, der das
Auge vor schädlicher Lichtfülle schützt.
Überkommenes Erbe sind aber auch die Triebe wie Hunger, Hät-
schelbedürfnis und Sexualtrieb. Daß sie auch beim Menschen
durch Auslöser aktiviert und durch negative Auslöser gehemmt
werden können, hat besonders K. LORENZ (1943) gezeigt. Sein
Kindchenschema und sein Männchenschema sind Beispiele dafür.
All diese eben genannten Begriffe gehören für den Verhaltens-
forscher in den Bereich des Instinktverhaltens, das also beim
Menschen durchaus repräsentiert ist. Aber damit ist das Angeborene im Menschen auch nicht annähernd vollständig umschrieben. Unbedingt zu nennen sind hier noch die angeborenen Dispo-
sitionen (Bereitschaften), etwa die individuell verschieden
ausgebildete Disposition für Aggression oder Lerndispositionen
für verschiedene Bereiche. Auch hier gibt die Natur jedem Menschen eine ganze Menge vor und überläßt es ihm und seinen bewußten und unbewußten Erziehern, diese Vorgaben auszugestalten.
Der fromme Glaube mancher Erzieher und Ideologen, daß man durch
geeignete Erziehung alles oder fast alles erreichen könne, ist
biologisch und naturwissenschaftlich völlig unhaltbar. Genetik
und Verhaltensforschung machen im Gegenteil hoch wahrscheinlich, daß im Durchschnitt mehr als 50 % des Verhaltens und der
Intelligenz von angeborenen Komponenten bestimmt werden (vgl.
ZERBIN-RÜDIN 1975). Es ehrt den Erzieher sicher, wenn er versucht, angeborene Defizite auszugleichen, aber er sollte sich

dabei keine utopischen Ziele setzen und der Realität verhaftet
bleiben.
Natürlich muß diese pauschale Behauptung differenziert werden.
Sicher sind manche Begabungen und Fertigkeiten genetisch in
höherem Maße festgelegt als andere. Sicher sind z.B. Einstellungen stark umweltabhängig und sicher gibt es Entwicklungspha-
sen, die für Umwelteinwirkungen offener sind. Vieles ist hier
noch empirisch zu klären. Wie weit ist z.B. das verschiedene
Verhalten der Geschlechter anerzogen, wie weit ist es angeboren. Diese Frage wird weithin leider nicht aufgrund von objekti-
ven Tatsachen entschieden, sondern aufgrund einer ideologisch
eingefärbten Voreingenommenheit. Gerade der Erzieher müßte hier
und in vielen anderen Fällen eine kritische Einstellung bewahren und für beide Deutungsmöglichkeiten (angeborene Vorgabe -
umweltbedingte Abwandlung) offen bleiben.

Doch greifen wir den unterbrochenen Gedankengang nochmals auf.
Wir haben von den angeborenen Komponenten menschlichen Verhaltens gesprochen und sollten konsequenterweise nun auch die er-
lernten Kompontenten ansprechen. Eine der wichtigsten Funktionen des Lernens ist wohl, die Wechselwirkung zwischen Organismus und Umwelt variabler und damit individueller und ange-
paßter zu machen. Denn das Angeborene, die Erbinformation wird
allen Angehörigen einer Art in gleicher oder doch sehr ähnli-
cher Weise mitgegeben, während die Informationen, die ein Organismus im Laufe seines Individuallebens lernend aufnimmt, sehr
subjektiv und einmalig sein können und in der Regel auch sind.
Wenn wir also den Menschen als typisches Lernwesen bezeichnen,
gestehen wir ihm eine ganz Portion Individualität bzw. eine
Fülle von Möglichkeiten für individuelles Sammeln von Erfahrung
zu.
Da der Mensch nun auch im Bezug auf das Lernen beschränkt ist,
d.h. zu einem Zeitpunkt nur ganz bestimmte und nicht beliebig
viele Lerninhalte in sich aufnehmen bzw. bewußt verarbeiten
kann, ergeben sich prinzipielle Schwierigkeiten. Man könnte
sich etwa den Fall vorstellen, daß ein Mensch im Bereich der
Lernmöglichkeiten, die ihm sein überkommenes Erbe läßt, sehr

einseitig lernt. Nicht weil er seinen freien Willen nicht bestätigte, sondern weil diejenigen, die für seine Lerninhalte, seine Lernmethoden und Einstellungen verantwortlich sind, ihm eine einseitige Auswahl vorsetzen, ihm einreden, er könne ja wählen,aber ihn nur zwischen schon Vereinseitigtem wählen lassen, d.h. ihn manipulieren. Manipulation ist für mich in diesem Zusammenhang nicht nur ein abgegriffenes Schlagwort, es ist eine tiefe Bedrohung einer spezifisch menschlichen Eigenart, nämlich der Offenheit für ganz verschiedene Lerninhalte und Einstellungen.

Doch gehen wir der Manipulation etwas weiter nach, dann müssen wir feststellen, daß uns schon die Natur manipuliert. Sie hat uns nämlich Sinnesorgane "verpaßt", die uns bei weitem nicht alle Informationen übermitteln, die die Umwelt auf uns einströmen läßt bzw. zur Verfügung hält. Unsere Sinnesorgane percipieren auf direktem Wege keinen Ultraschall, keine elektrischen Ladungen, keinen Magnetismus, keine Radioaktivität und aus dem weiten Spektrum der elektromagnetischen Wellen nur einen winzig kleinen Ausschnitt, nämlich den des sichtbaren Lichts.

Unsere Sinnesorgane treffen also, ohne daß sich die meisten Menschen dessen bewußt sind, eine scharfe Auswahl unter den möglichen Reizen. Trotzdem fühlen wir uns - auch in Kenntnis dieses Sachverhalts - nicht von der Natur manipuliert, denn:

1. ist die Auswahl, die unsere Sinnesorgane treffen, in biologischem Sinne gut, wenn nicht sogar optimal getroffen. Dafür haben schon eine Jahrmillionen währende Evolution und Selektion gesorgt.

2. ist der Mensch in der Lage, sich alle die oben genannten Bereiche, die den Sinnesorganen nicht direkt zugänglich sind, mit Hilfe von technischen Geräten zu erschließen. Man denke nur an das Radiogerät, das elektromagnetische Wellen eines Wellenlängenbereichs empfangen kann, auf den unsere Sinnesorgane überhaupt nicht ansprechen.

Eine echte Gefahr der Manipulation dürfte auf einer anderen Ebene liegen, und zwar auf der Ebene des Bewußtseins. Sehr wahrscheinlich besitzen Tiere kein Bewußtsein im Sinne eines reflektierenden Bewußtsein, wie es etwa in dem DESCARTESschen

Ausspruch "Cogito ergo sum" ("Ich denke also bin ich" oder besser "Ich denke - werde mir dessen bewußt - also bin ich") zum
Ausdruck kommt. Nur läßt sich dieser Mangel nicht beweisen, da
Bewußtsein letztlich subjektives Erleben und kein direkter
Forschungsgegenstand der Naturwissenschaft ist.
Aber, was hat Bewußtsein mit Manipulation und Begrenztheit zu
tun? Ein diesbezüglicher Zusammenhang ist leicht nachweisbar und
von den Psychologen schon immer klar gesehen worden. Es ist dies
die "Enge des Bewußtseins", d.h. die Tatsache, daß ich meine volle und bewußte Aufmerksamkeit zu einem bestimmten Zeitpunkt nur
einem bestimmten Inhalt (einem Objekt) zuwenden kann.
Je intensiver ich mich mit diesem Inhalt beschäftige, desto aus-
schließlicher füllt er mein Bewußtsein. Ich kann mir zwar ein
Wesen vorstellen bzw. es erahnen, das nicht unter dieser Beschränktheit leidet, das zu einem Zeitpunkt alle möglichen Inhalte in seinem Bewußtsein vereinigt und das dementsprechend
auch nicht körperlich und raumzeitlich gebunden sein dürfte -
die Theologen würden diese Eigenschaften wahrscheinlich Gott
zuerkennen wollen - aber das hilft mir zunächst nicht über meine eigene Beschränktheit hinweg. Mit ihr muß ich mich abfinden,
kann ich mich auch um so eher abfinden als eine ganz ähnliche
Beschränktheit - wie wir gesehen haben - ja auch für mein Handeln zutrifft. Ich kann zu einem Zeitpunkt auch nur in einem
Sinne handeln. Enge des Bewußtseins und Enge des Handelns ergänzen sich also und sind wahrscheinlich letztlich Ausfluß unserer Gebundenheit an die Zeit und den dreidimensionalen Raum.

Unter diesem Aspekt der Begrenztheit des Bewußtseins, ergänzt
durch die Tatsache, daß bewußt gemachte Inhalte dem Gedächtnis
im allgemeinen vielseitiger verfügbar sind, werden innerhalb
der Manipulation zwei Möglichkeiten deutlich:
Eine erste, bei der das Bewußtsein nur mit einseitigen Informationen versorgt wird, die eine entsprechend einseitige Einstellung, entsprechend einseitige Ziele und eine entsprechend einseitige Weltanschauung bedingen. Es ist dies der klassische
Fall der Manipulation, einer Manipulation, die man mit Recht
ablehnt, da sie Freiheit und Menschenwürde nicht entspricht.

Leider wird sie auch in unserer aufgeklärten Zeit immer noch
und nicht einmal selten praktiziert. Ein erster wirksamer
Schritt gegen diesen Mißstand ist wohl der, den Blick für solche Einseitigkeiten zu schärfen. Gerade von einer wissenschaftlichen Hochschule ist solche Aufklärungsarbeit in besonderem
Maße zu fordern. Denn es ist zweifellos ein wesentliches Anliegen jeglicher Wissenschaft, die Fülle der Denk- und Hand-
lungsmöglichkeiten aufzuzeigen, ohne sie von vornherein zu
reduzieren oder sie ideologisch zu bewerten.
Die zweite Möglichkeit der Manipulation betrifft mehr den biologischen Bereich. Wie oben herausgestellt worden ist, ist der
Mensch zu wesentlichen Anteilen auch Instinktwesen. Als solches
verfügt er z.B. über Triebe und wird durch Auslöser mitgesteu-
ert. Triebe und Auslöser beziehen sich jedoch primär nur auf
Verhaltensweisen, die die biologischen Bedürfnisse des Menschen
sicherstellen, etwa Fortpflanzung, Ernährung, Schlaf, Verteidigung usw. Ein"Trieb" oder besser eine natürliche Motivation
dürfte davon allerdings eine Ausnahme machen, nämlich die Neugier, von der manche Wissenschaftler sogar annehmen, daß sie
eine wesentliche Triebfeder für Forschung und Wissenschaft ist.

Doch sehen wir von der Neugier zunächst ab und stellen wir uns
vor, daß ein junger Mensch, entlastet durch treu sorgende Eltern und eine vorbildlich soziale Gesellschaft, ohne geregelte
Verpflichtung zu geistiger Beschäftigung oder spezifisch mensch-
lichem Tun, seinen natürlichen Antrieben überlassen bliebe.
Wahrscheinlich würde sein Denken und Handeln dann sehr stark
von seinem natürlichen Unterbau bestimmt werden. Das brauchte
jedoch auf den ersten Blick nicht unbedingt ein Nachteil sein.
Wir wären dann so spontan, so aggressiv, so neugierig, so reiz-
bar wie uns die Natur geschaffen hat und wieweit Mitmenschen
und Gesellschaft bereit sind, eine derartige Natürlichkeit zu
tragen bzw. zu ertragen. Bei näherem Durchdenken erscheint eine
solche Situation jedoch nicht mehr ganz so begrüßenswert, und
zwar aus folgenden Gründen:
1. Die Triebe des Menschen stehen nicht mehr in einem harmoni-
schen Verhältnis wie beim Tier. Konrad LORENZ (u.a. 1943) ist

sogar der Meinung, daß im Zusammenhang mit der Domestikation, der auch der Mensch unterworfen ist, Sexual- und Freßtrieb eindeutig überbetont seien und spricht in diesem Zusammenhang von einer Verhausschweinung, die der Mensch durchgemacht habe.

2. Die Triebe steuern unbewußte Ziele an, die den bewußt gesetzten - und sehr oft auch höherwertigen - ideellen Zielen nicht immer entsprechen. Es besteht die Gefahr, daß bei einem solchen Zwiespalt die Triebkomponente die Führung übernimmt.

3. Die Triebe entlohnen, wenn man ihnen nachkommt, durch das Gefühl der Befriedigung oder der Lust. Nur daß diese positiven Gefühle nicht lange anhalten. Der Bedürfnisdruck wächst langsam aber stetig und verlangt nach erneuter Befriedigung. So kommt schließlich eine Abhängigkeit vom Trieb zustande. Der triebbestimmte Mensch befindet sich also auf einem niedrigeren Entscheidungs- und Anstrengungsniveau als ein von höheren Zielen bestimmter. Er folgt letztlich einer Art Naturgesetz, das für den anorganischen Bereich den Zustand mit dem geringsten Energieniveau als den wahrscheinlichsten deklariert. Für den Menschen könnte man dies so deuten, daß die Versuchung, diesen Zustand einzunehmen, groß ist und daß besonders der junge Mensch Hilfen braucht, wenn sich das spezifisch Menschliche in ihm stärker durchsetzen soll.

4. Die Manipulation durch Triebe wird oft nicht als solche erkannt. Der Mensch neigt im Gegenteil dazu, die Triebmanipulation zu verbrämen, mit dem Etikett einer hochwertigen Motivation zu versehen, z.B. etwas als Dienst am Nächsten hinzustellen, was in Wirklichkeit sein Geltungsbedürfnis befriedigt oder etwas als für die Sinnerfüllung seines Lebens notwendig hinzustellen, was letztlich seinen Sexualtrieb befriedigt. Er zeigt damit die Tendenz, Triebhaftes sekundär zu rationalisieren und den Geist in den Dienst des Triebes zu stellen.

Mit dem, was ich zu Trieben und zur Manipulation durch Triebe gesagt habe, erwecke ich wahrscheinlich den Eindruck, daß ich den menschlichen Trieben negativ gegenüberstehe. Dem ist keineswegs so. Als Biologe bejahe ich die Triebe und ihre biologische Funktion voll und ganz, auch im Gesamtbild des Menschen.

Sie gehören mit zu seinem vollwertigen biologischen Unterbau.
Nur sollten sie auch voll in das Gesamtbild des Menschen inte-
griert werden, das weder rein biologisch noch rein psycholo-
gisch noch rein geistig zu sein hat. Nun gehört zu diesem Gesamtbild des Menschen, wie wir gesehen haben, auch die Fähigkeit, sich Ziele zu setzen und einsichtig anzustreben, die weit
über das rein Biologische hinausgehen, aber das Biologische
voll berücksichtigen müssen. Hier ist also eine optimale Möglichkeit, Integration zu vollziehen und das, was spezifisch
menschlich ist, möglichst harmonisch mit den biologischen
Grundlagen zu vereinigen. Wer jedoch diese Absicht hat - und
eigentlich sollte sie jeder Mensch haben - muß sowohl die biologischen Grundlagen kennen als auch das, was sich deutlich
darüber erhebt. Sonst gerät er in Gefahr, seine Bemühungen dem
Zufall oder der Einseitigkeit zu überlassen.

5. Zur menschlichen Unzulänglichkeit und zum sogenannten Bösen im
   Menschen aus biologischer Sicht

Aus den beiden angeschnittenen Problemen, nämlich der anscheinend das rein Biologische übersteigenden Fähigkeit, Ziele zu
setzen und sie einsichtig anzustreben, sowie der körperlich-
biologisch bedingten Begrenztheit, resultiert ein weiterer zen-
traler Aspekt des Menschenbildes, die Frage nach den Unzulänglichkeiten im Menschen oder weitergehend die Frage nach dem
sogenannten Bösen, wie es Konrad LORENZ im Titel seines bekann-
ten Buches (1963) genannt hat. Allerdings soll die Problematik
hier in allgemeiner Form und nicht nur aus der zweifellos zu
engen Sicht der Aggression angesprochen werden.
Zur Klärung der Sachlage scheint zunächst eine Scheidung wichtig. Es gibt auf der einen Seite sicher einen bewußt gewollten
Verstoß gegen die Ordnung. Ein Mensch erkennt etwa eine Sitte,
eine Ordnung oder ein Gesetz an, sieht die Begründung für diese
Ordnung ein und verstößt in anscheinend oder scheinbar freier
Entscheidung trotzdem dagegen. Auch für diesen ersten grundsätz-
lichen Fall ist der biologische Teilbereich nicht unerheblich,
denn diese Entscheidung dürfte in der Regel nicht gänzlich frei

sein, sondern durch Gewohnheit, Anlage, Bequemlichkeit aggres-
sive Opposition usw. beeinflußt.

Biologisch interessanter ist eine zweite Möglichkeit, zu der
der Mensch in dem oben angedeuteten Konflikt zwischen Einsicht
und Willensentscheidung oft seine Zuflucht nimmt. Sie soll hier
zunächst an einem Beispiel erläutert werden: Ein Terrorist, der
um irgendwelcher Ziele willen, die einem kleinen Personenkreis
gemeinsam sind, Mitmenschen verletzt oder umbringt, verstößt
damit eindeutig gegen eine fast allgemein anerkannte Ordnung,
die das menschliche Leben als eines der höchsten und schützens-
wertesten Güter sieht. Sicher kennt er in der Regel diese Ordnung. Nur er anerkennt sie nicht. Er setzt seine eigene, total
davon abweichende Ordnungsauffassung bzw. die Ordnungsauffassung
seiner Clique dagegen. Er begeht nach HACKER (1973) einen Eti-
kettenschwindel, indem er seine Handlungen mit einem nach Ordnung "riechenden", selbstgeschneiderten Etikett versieht, das
ihm solche Taten erlaubt. Sicher wäre es hochinteressant, den
letzten Ursprung dieser selbstgeschneiderten Ordnungen zu untersuchen. Vieles scheint hier vom biologischen Unterbau beeinflußt, und die Aggression scheint wesentlich beteiligt. Jedenfalls dürfte das Bedürfnis oder besser die Disposition, sich an
Ordnungen zu halten, sehr tief im Menschen verankert sein, und
anscheinend bestraft die Natur Abweichungen von einer bewußt
oder unbewußt angeeigneten Ordnung mit negativen Gefühlstönun-
gen bzw. mit Vorstufen von Gewissensbissen. Letztere kann etwa
schon ein Hund empfinden, der beim Eintreten seines Herrn auf
dem Sofa sitzt und damit gegen eine ihm bekannte Ordnung verstößt.

Die menschliche Unzulänglichkeit und Fehlerhaftigkeit zeigt
sich jedoch nicht nur in bewußten Handlungen (bewußten Ver-
stößen, bewußtem Etikettieren), sondern immer wieder auch im
Unbewußten.
Ein nicht auf Sabotage beruhendes Flugzeugunglück kann zu
keiner der oben angedeuteten Möglichkeiten, die ja letztlich
auf freien Willensentscheidungen gegen bestimmte Ordnungsvor-

stellungen beruhen, in Beziehung gesetzt werden. Hierfür ist ja
gerade charakteristisch, daß die Unordnung von keiner Seite geplant war. Da solche nicht geplanten, für viele Menschen jedoch
lebensbedrohenden Abweichungen von der Ordnung immer wieder vor-
kommen, erhebt sich die Frage, wieweit sie im menschlichen Wesen
begründet und wieweit sie unvermeidbar sind.
Bleiben wir beim Beispiel des Flugzeugunfalls und versuchen wir
auf einem sehr allgemeinen Niveau zu ergründen, wo die Ursache
dieser offensichtlichen Unordnung liegt.
Relativ unwahrscheinlich ist eine Fehlerhaftigkeit oder Unvoll-
ständigkeit der wissenschaftlichen Grundlagen für den üblichen
Flugzeugbau. Wahrscheinlicher ist schon, daß bei der Nutzung der
naturwissenschaftlichen Gesetze durch die Technik Fehler unterlaufen sind. Denn bei der Nutzung ist ebenfalls das Bewußtsein
angesprochen. Ich kann ein Gesetz nur dann für die Herstellung
technischer Erzeugnisse nutzen, wenn ich es mir bewußt gemacht
habe. Hier tritt also die Enge des Bewußtseins als begrenzender
Faktor in Erscheinung, denn zu einem bestimmten Zeitpunkt ist es
nur _ein_ bestimmter Zusammenhang, den ich voll in mein Bewußtsein
heben kann. Alle Zusammenhänge, die ich mir vorher bewußt gemacht habe, muß ich in meinem Gedächtnis speichern, um sie bei
Bedarf abzurufen. Gedächtnis ist jedoch eine spezifische Lei-
stung des Gehirns und damit der biologisch-körperlichen Basis.
Im Grunde müssen wir der Exaktheit der Gedächtnisinhalte oder
Engramme, der Exaktheit ihrer Assoziationen und ihrer Reproduktion eine ganze Menge Vertrauen schenken. Leider nicht immer zu
Recht, denn die Inhalte können durch Stimmungen und Vorurteile
verzerrt und vereinseitigt sein, sie können durch unkontrollier-
te oder unkontrollierbare Hemmungen unterdrückt und nicht mehr
reproduzierbar sein und sie können schließlich durch persönliche Wertungen, die es auch in der Wissenschaft gibt, in ihrer
jeweiligen Bedeutung sehr verschieden gewichtet werden. Schon
auf diesem Wege, von der Speicherung der Engramme bis hin zu
ihrer Reproduktion im Bewußtsein gibt es also eine ganze Reihe
von Fehlermöglichkeiten. Ihre Wahrscheinlichkeit steigt, wenn
wir das Verknüpfen der reproduzierten Inhalte ins Auge fassen.
Wieder muß jede Verknüpfung ins Bewußtsein gehoben und regi-

striert werden, um kontrollierbar und verwendbar zu sein. Und
auch hier zeigt sich wieder die menschliche Begrenztheit. Er
ist keine Maschine, die beliebig vielen Zusammenhängen nachein-
ander ihre volle Aufmerksamkeit widmen und sie sich dadurch bewußt machen kann. Wir stoßen bei näherem Zusehen auf kaum kon-
trollierbare Stimmungen, die die Aufmerksamkeit positiv oder
negativ beeinflussen, auf verschiedene Belastungsfähigkeit, auf
verschiedene Zielsetzungen und verschiedene Niveaus intellektu-
eller Fähigkeiten. Die Fähigkeit des Ins-Bewußtsein-Hebens wird
also von vielen biologischen Faktoren beeinflußt, so daß sich
insgesamt die Anzahl der Fehlermöglichkeiten mit der Anzahl und
Komplexität der Bewußtseinsschritte und damit mit dem Komplika-
tionsgrad einer Aufgabe erhöht.

Das Flugzeug als enorm kompliziertes technisches Erzeugnis, in
dem fast alle physikalischen Gesetze technisch genutzt werden,
beinhaltet also eine Menge Fehlermöglichkeiten bei der Konstruk-
tion, die durch Kontrollen und Erprobungen zwar gemildert, aber
nicht ganz ausgeschaltet werden können.

Im Prinzip ähnlich geht die menschliche Begrenztheit in Form
der jeweils nur einseitig ausrichtbaren Aufmerksamkeit auch in
die Realisierung des Konstruktionsplanes und in die Handhabung
des technischen Erzeugnisses Flugzeug ein. Die Fehlermöglichkeiten summieren sich theoretisch derart, daß man am Ende noch
über die geringe tatsächliche Unfallhäufigkeit staunen muß.

Eine dritte Quelle des Bösen und der Unordnung im menschlichen
Leben ist also in seiner biologisch bedingten Begrenztheit zu
suchen. Sie wird sich um so stärker auswirken, je weitgesteck-
ter die Ziele sind, die der Mensch sich setzt und je weiter ihn
diese Ziele von seiner natürlichen Veranlagung abführen. Denn
das heißt ja, er kann sich nicht mehr auf seine Instinkte und
Reflexe verlassen. Er darf z.B. nicht in gefährlichen Verkehrs-
situationen den Kopf einziehen und die Hände vors Gesicht schla-
gen, sondern er muß statt dessen das Steuer in die richtige
Richtung drehen und die Bremse im richtigen Moment in der richtigen Stärke bedienen. Je mehr er sich von seiner natürlichen
Lebensweise entfernt, um so mehr muß er sein einsichtiges Denken und sein Bewußtsein einschalten und sehr oft Dinge tun, die

seiner natürlichen Veranlagung zuwider laufen. Gerade hier
aber liegt, wie wir gesehen haben, seine Begrenztheit und seine
Anfälligkeit für Manipulationen.

Das Paradies auf Erden muß deshalb Utopie bleiben, eigenarti-
gerweise um so mehr Utopie, je höher der am Sozialprodukt ge-
messene Lebenstandard steigt, denn um so komplizierter und
vielfältiger werden die Ansprüche an das bewußte Verarbeiten
von Informationen, um so wahrscheinlicher die Fehler, wobei
Fehler auf hohem Entscheidungsniveau und mit entsprechend
weitreichender Auswirkung nicht ausgeschlossen sind. Hier
beißt sich das Streben des Menschen nach dem Idealeren und
Besseren mit seiner im Biologischen verwurzelten Beschränktheit. Aufgabe der Biologie könnte es sein, etwas zum Selbstverständnis des komplexen Wesens Mensch beizutragen, damit er
die eben angedeutete Konfliktsituation besser erkennen, ein-
schätzen und bewältigen kann.

6. Literatur

HACKER, F. (1973):   Aggression - Die Brutalisierung der
                       modernen Welt. - Hamburg

KOEHLER, O. (1955):   Vorbedingungen und Vorstufen unserer
                       Sprache bei Tieren. - Verh. Dt. Zool.
                       Ges. Tübingen: 327 - 341

LORENZ, K. (1943):   Die angeborenen Formen möglicher Er-
                       fahrung. - Z. Tierpsychol. 5: 235 - 409

"   (1963):   Das sogenannte Böse. - Wien

ZERBIN-RÜDIN, E. (1975): Vererbung der Intelligenz. - Verh.
                       Dt. Zool. Ges. 1975: 29 - 39

Gottfried   L e d e r

Zur Frage nach dem Bild des Menschen in der Politikwissenschaft

1.1 "Man muß sagen, daß der Mensch noch nie so viel von sich ge-
wußt hat wie in der Gegenwart und daß er im Grunde sich doch
nie so wenig gekannt hat ..." (v. Gebsattel, 33).

Dieses Zitat kann für diesen Beitrag wegweisende Bedeutung
haben. Wie immer es in anderen Disziplinen auch stehen mag:
in der Politikwissenschaft hat die Frage nach dem Bild des
Menschen doppelten Boden.
Nach sich selbst fragen zu können, ist eine der großen Möglichkeiten des Menschen. Humanität ist wohl noch niemals voll
ergriffen, solange diese Dimension nicht eingeschlossen ist.
Nach sich selbst fragen zu müssen, obwohl die eine, abschlie-
ßende Antwort anscheinend unabwendbar ausbleibt - das könnte
aber auch eine große Chance für die Verwirklichung von Humanität darstellen: muß sich die unverkürzte Menschlichkeit
vielleicht gerade daran erst immer noch bewähren, daß wir
diese Unfähigkeit, uns selbst ganz und gar zu kennen, auszu-
halten und zu ertragen lernen? "Gehört es doch zu den Grund-
bestimmungen des Menschen, daß er dem Irrtum unterliegt -
denn das Tier vermag nicht zu irren, es täuscht sich höchstens - der Mensch aber ist das irrende Wesen, und am meisten irrt er im Hinblick auf sich selbst." (v. Gebsattel, 23).

Noch einmal gefragt: Ist es also denkbar, daß unser Sich-
Irren-Können eine Chance zur Selbstverwirklichung und somit
ein "Vermögen" bedeuten könnte, wenn wir nur die Kraft auf-
bringen, es nicht zu verdrängen?
Unbestritten: dies sind bekenntnishafte Bemerkungen.
Müssen wir sie deshalb schon als "unwissenschaftlich" abtun
oder gar verschweigen? Wie gewiß ist es denn, daß nichts an
ihnen überprüfbar, daß nichts von ihnen je Inhalt wissenschaftlicher Hypothesen oder Gegenstand wissenschaftlicher
Kritik werden könnte? Ganz zu schweigen davon, daß die Frage
nach der Relevanz derartiger Überlegungen uns ja wohl ohnehin nicht erspart bliebe...
Eben dieses Dilemma soll heute noch einmal Gegenstand des
gemeinsamen Bedenkens sein: Während wir uns einerseits um der

wissenschaftlichen Redlichkeit willen immer wieder um die
klare Unterscheidung zwischen intersubjektiv überprüfbaren
Hypothesen und wertenden Aussagen bemühen, reagieren doch
andererseits viele von uns auch immer wieder unsicher und
ärgerlich, wenn solche Unterscheidung allzu beharrlich bei
ihnen angemahnt wird. Warum eigentlich reagieren wir hier
so unsicher oder ärgerlich? Weil jene Unterscheidung letztlich
doch überflüssig oder sinnlos ist? Steht sie den notwendigen
Relevanzerwägungen vielleicht doch im Wege? Oder hindert jene
Unterscheidung uns etwa nur daran, die eigenen Glaubensüber-
zeugungen unter der Hand als wissenschaftliche Wahrheiten ein-
zuführen?

1.2 Die Vorstellung, daß der Politikwissenschaft der Gegenwart
ein einheitliches, von allen und gemeinsam akzeptiertes Bild
des Menschen zugrunde liege, ist abwegig. Ebenso falsch wäre
es anzunehmen, daß die Politikwissenschaft ihrerseits ein
solches einheitliches Bild des Menschen produziert habe oder
zu produzieren sich anschicke: sie kann das nicht, sie will
das - zumindest einheitlich und mehrheitlich - nicht. Und -
dies ist eine Wertung - sie soll das auch nicht wollen.
Was also könnte dann - vorläufig gefragt - der Ort, die
Funktion und der Spielraum von "Politischer Anthropologie"
sein?
Noch jüngst ist von Politischer Anthropologie als einer "Neu-
bildung" gesprochen worden, die sich "aus einem erschütter-
ten Wissenschaftszweig" - nämlich der Anthropologie selbst -
erst "entwickelt" habe (Balandier, 194). Der Ursprung Politischer Anthropologie als Wissenschaft wird hier offenbar
erst im zweiten Viertel des 20. Jahrhunderts gesehen (vgl.
Balandier, 125 ff). So stellt sie sich im gleichen Zusammenhang auch eher als "ein noch zu vollendendes Vorhaben denn
ein bereits festgelegter Bereich" dar (Balandier 194).
Und es wird ausdrücklich gesagt: "Die Voraussetzung weiterer
Fortschritte ist, daß wir mehr über Wesen und Inhalt des
Politischen wissen" (Balandier, 207).
In der Tat. Aber: reden wir dann also hier über einen Gegen-

stand, den es als ein klar umgrenztes Objekt von Wissenschaft
gar nicht gibt?

1.3 Zunächst fällt die Gleichförmigkeit gewisser Problemstellun-
gen in anderen Disziplinen erneut ins Auge: Auch bei den Bemühungen um die Grundlegung einer pädagogischen Anthropologie
scheinen anthropologische Fragestellungen immer wieder den
Spielraum streng pädagogikwissenschaftlicher Zuständigkeiten
zu sprengen. Dies könnte gewiß näher belegt werden - bei
O.F. Bollnow und bei A. Flitner, bei J. Derbolav und bei
H. Roth. Auch für Pädagogik und Erziehungswissenschaft produziert aber die Überwindung falscher Zuständigkeitsabgrenzun-
gen allein natürlich noch lange nicht befriedigende Antworten
auf die zentralen Fragen nach Unterricht, Erziehung und Bildung. Sollen wir also pädagogische wie politische Anthropologie dann mehr inmitten und als Aspekt einer umfassenden Wissenschaft vom Menschen sehen? Oder wollen sich beide viel
eher selbst als "Integrationswissenschaft" verorten? Und weiter gefragt: Soll man dabei erst die Aufwertung der Politikwissenschaft insgesamt durch politische Anthropologie für
erforderlich halten? (vgl. Balandier, 202). Soll pädagogische
Anthropologie ihrerseits als "datenverarbeitende Integrationswissenschaft" konzipiert werden? (vgl. Roth 1967, 141 und
144). In welchem Verhältnis steht dazu der Sachverhalt, daß
auch die Politikwissenschaft von manchen ihrer Autoren als
"synoptische" bzw. als "Integrationswissenschaft" konzipiert
wird? (Fraenkel, 15).

Reichweite und Chance einer Politischen Anthropologie bleiben also durchaus noch im Ungewissen. Ob eine Fortschreibung
klassischer Anthropologie das Politische genauer ergreifen
kann als alle Politikwissenschaft bisher, bleibt zweifelhaft.
Daß eine stärkere anthropologische Orientierung von Politikwissenschaft überhaupt den Durchbruch zur Lösung unserer
großen Probleme bringen könnte, ist nicht mehr als eine These.

1.4 Dennoch hat Politische Wissenschaft immer irgendwie ihre anthropologische Dimension. Für die normativen Spielarten
ihrer Theorie-Konzepte ist dies offensichtlich. Aber das jeweilige Wissenschaftsverständnis wird natürlich auch hier
durchschlagen. Bei Aristoteles freilich - den viele mit guten
Gründen für den eigentlichen Begründer der Politikwissenschaft
halten - liegt dies noch klar: Vom Anfang wie vom Ende her
ist Politik als praktische Philosophie "anthropologisch": Das
"realistische Menschenbild", das in sie eingeht, und der Entwurf einer Lehre von den Bürgertugenden, die sie produziert,
belegen dies gleichermaßen.

Freilich: Die Anwendung eines rigoroseren Wissenschaftsbe-
griffs - und niemand könnte dies schlichtweg als unangemessen bezeichnen - müßte doch wieder Zwiefel nähren.
Lassen Computer-Simulationen von Wahlen, lassen die Konzepte
zur quantitativen Einflußmessung von Eliten, lassen die Entwürfe zur Analyse von Rüstungswettläufen im internationalen
Bereich eine solche anthropologische Dimension stets leicht
erkennen?

1.5 Die Antwort auf diese Frage hängt naturgemäß davon ab, was
wir unter einer "anthropologischen Dimension" präzise verstehen wollen. Wiederum müssen wir uns damit bescheiden, das
Problem ins Bewußtsein zu heben. Mit einer "Definition"
allein wäre inhaltlich ohnehin nicht viel gewonnen. (vgl.
Albert, 73). Um so mehr geht es dann aber natürlich auch die
Politikwissenschaft direkt an, wenn A. Portmann bei seiner
Frage nach einer "basalen Anthropologie" festhalten will, daß
diese wohl nur "jenseits der unversöhnlich gegeneinanderste-
henden Lebensdeutungen" (vgl. Stieglitz, 467) und Menschenbilder möglich werden könne und "nicht einer der sich be-
kämpfenden Auffassungen unserer Beziehung zum Ganzen der Welt
verpflichtet sein dürfe". Eine solche basale Anthropologie
könne, so wörtlich, "weder christlich noch marxistisch" ...
sein und werde "nicht von einem der vielen synkretischen
Versuche religiöser Haltung inspiriert sein können". Denn

alle diese Anthropologien seien "abschließender Art; sie
enthalten individuelle oder gruppenmäßige Entscheidungen,
die über das wissenschaftlich Faßbare hinausgehen" (Portmann, 293 f).
Die "basale Anthropologie" Portmanns würde also offenbar
nicht nur Biologie und Pädagogik, sondern auch Politikwissenschaft notwendig transzendieren - und sich, wenn wir
es richtig sehen, doch gleichzeitig in ihrer Methodik der
Strenge naturwissenschaftlichen Vorgehens unterwerfen wollen.
Dann wäre also Anthropologie auch und gerade aus dem Aspekt
der Politikwissenschaft nur als ein durch und durch offenes
Fragekonzept zu denken, für das "Menschenbilder" geradezu
als Hindernisse für den Erkenntnisfortschritt gelten müßten?

1.6 Was können wir dann aber, wenn wir die Möglichkeiten von
Wissenschaft überhaupt zusammenfassen, denn nun eigentlich
von uns selbst wissen?
Daß Anthropologie gleichsam ein querlaufendes Raster in das
herkömmliche Bild der Zuordnung von vermeintlich autonomen
Wissenschaften hineinprojiziere, ist schon früh angedeutet.
Die "Idee einer zusammenfassenden Anthropologie" (Mühlmann,
1951) ist gewiß auch manchen Vertretern der Politikwissenschaft nicht fremd: A. Bergstraesser etwa spricht von der
"Schwierigkeit, daß der Mensch ein Wesen ist, welches von
dem Verständnis seiner selbst abhängt. Das Seinsverständnis
des Menschen begründet und wandelt sein Verhalten" (Bergstraesser 1961, 110). Vergleichbares ließe sich auch bei
anderen Repräsentanten normativer Positionen aufzeigen
(vgl. etwa v.d. Gablentz, 1965, 28 ff. 314 ff.).
Das Zwischenergebnis dieser Ortungsversuche läßt sich also
so zusammenfassen:
Es gibt keinen Grund für die Annahme, Politische Wissenschaft könne aus ihrem Selbstverständnis heraus nichts zu
einer "integrierenden" Anthropologie beitragen.
Es gibt keinen Grund zu der Annahme, Politische Wissenschaft
könne mehr leisten als einen solchen stets noch integrations-

bedürftigen Beitrag.
Ob eine "Politische Anthropologie" als neue Disziplin verstanden werden muß, bleibt hier offen. Ihr Programm ist selbst noch Problem.
Politikwissenschaft scheint der Antworten einer realistischen Anthropologie für ihre genuinen Fragestellungen dringend zu bedürfen.

2.1 Eine Beschreibung der Umrisse unseres Problems könnte hier eigentlich schon abbrechen. Aber das müßte doch allzu unbefriedigend bleiben. Vielleicht kann es uns jedoch über den Tag hinaus weiterhelfen, wenn wir noch etwas näher zu klären versuchen, w a r u m die Frage nach dem Bild des Menschen in der Politikwissenschaft immer nur vorletzte Antworten findet - und w a r u m diese vorletzten Antworten dennoch eine so große Bedeutung haben.
Unser Streben nach einem diskursiv erarbeiteten Votum erfährt erneut unerwartete Hilfe, wenn wir eine Urerfahrung christlicher Glaubensbemühung mit der Formel: "Ich soll - ich kann nicht - ich darf doch!" umschrieben finden (vgl. H. Braun, 1961). Diese Formel gibt - obgleich natürlich unangemessen verfremdet - ziemlich exakt die Abfolge dessen wieder, was ich jetzt hier erläuternd vortragen möchte.

Ich will - erstens - noch näher ausfalten, warum wir die Frage nach dem Bild des Menschen in der Politikwissenschaft offensichtlich ungeachtet aller Schwierigkeiten stellen sollen.
Ich will aber auch - zweitens - darzulegen versuchen, weshalb wir über diese Frage nach "dem Bild des Menschen in der Politikwissenschaft" eigentlich gar nicht sprechen können: jedenfalls nicht so, wie das Thema es nahzulegen scheint, und unter keinen Umständen in der Hoffnung auf die abschließenden Antworten, die uns Gewißheit verschaffen könnten. Denn daß wir eine Frage stellen sollen, ja stellen müssen, bedeutet ja eben noch keineswegs, daß wir die Frage schon problemlos zur Verfügung hätten. Sie muß vielleicht selbst erst ange-

messen produziert werden.

Deshalb will ich schließlich - drittens - noch zu zeigen versuchen, welches die Bedingungen sind, unter denen wir die
Frage nach dem Bild des Menschen in der Politikwissenschaft
dennoch stellen dürfen. Einfachhin zu behaupten, daß uns ja
schließlich niemand diese Frage nach dem Bild des Menschen
in der Politikwissenschaft verbieten könne, würde nämlich
wenig helfen. Wenn alles befragbar bleiben soll, darf sich
der Mensch ja auch die Frage nach seiner Fähigkeit, richtige
Fragen zu formulieren, nicht selbst verbieten.

2.2 Aber vielleicht haben wir dennoch eine Chance. Die Notwendigkeit, nach dem Bild des Menschen auch in der Politikwissenschaft zu fragen, scheint ja schließlich alle Evidenz für
sich zu haben. Wir fragen doch auch ganz unbefangen nach dem
Menschenbild, das ein Politiker hat, und nach dem Menschenbild, das hinter einer großen geistigen Zeitströmung oder
hinter einer Ideologie stecken könnte. (Daß soeben zum ersten
Mal einfachhin vom "Menschenbild" und nicht mehr vom "Bild
des Menschen" gesprochen worden ist, sollte nicht zu stark
gewichtet werden. Aber eine Gewißheit, daß wir mit dem Aus-
tausch der Benennungen nicht auch das Benannte selbst verändern, haben wir keineswegs.)

Noch einmal also: Wir lesen vom Menschenbild des Grundgesetzes (Maunz - Dürig - Herzog, 23) und davon, daß der Ismus X
das Bild des Menschen mit Füßen trete. Und ein Bild des
"neuen" Menschen wird uns vorgestellt: meist als ein "durch
und durch Politisches" - und manchmal gerade von denen, die
das Bild des Menschen nur noch als Fratze malen können, wenn
der Dargestellte ihr politischer Gegner ist... Wie also könnte da Politikwissenschaft auf die Frage nach dem Bild des
Menschen verzichten wollen?

3. Aber dann muß Politikwissenschaft auch die Gelegenheiten zu
dieser Frage reflektieren und zu ordnen versuchen.

Offenbar können wir mindestens drei Orte unterscheiden, an
denen die Frage nach dem Bild des Menschen in der Politik-

wissenschaft ansetzen kann.

3.1 Da ist zunächst der Anfang aller Politikwissenschaft:
Beginnt vielleicht alle Politikwissenschaft schon mit einem
Bilde vom Menschen?
Gleichgültig, ob wir unter der Wissenschaft von der Politik
nun die in der Geschichte gewachsene Summe unseres Wissens
über Politik und Politisches verstehen wollen oder das Tun
einzelner Menschen, die sich methodisch und systematisch um
die Sicherung solchen Wissens bemühen - gleichgültig, wie wir
die Frage nach dem Ursprung dieser Wissenschaft in der Geschichte beantworten wollen: Ist nicht in jedem Falle ein
Bild des Menschen in diese Wissenschaft immer schon hinein-
gegeben? Ein anthropologisches Vorab gleichsam, ein Vorent-
wurf, aus der Erfahrung entwickelt oder als Zielprojektion
entworfen, bei Aristoteles ebenso wie bei Macchiavelli, bei
Hobbes wie bei Karl Marx und ebenso bei den Politikwissenschaftlern der Gegenwart?
Wie immer "Politik" und "das Politische" verstanden werden
oder zu verstehen sind: daß Politik ein auf den Menschen Be-
zogenes, von ihm ausgehendes, für ihn reserviertes Geschehen
ist, scheint vor aller begrifflicher Problematik festzuste-
hen. Man kann nicht ausmachen wollen, was und wie Politik
sei, ohne zugleich und zuvor über den Menschen zu reden.
(vgl. Bergstraesser, 1961, 18 f.) In diesem Sinne ist der
anthropologische Aspekt der Politikwissenschaft für ihre
eigene Gegenstandsverortung unverzichtbar und unaustausch-
bar.

3.2 Bei der Erhellung des jeweiligen Bildes vom Menschen, das als
Prämisse immer schon in das politikwissenschaftliche For-
schen eingehen kann, lassen sich unterschiedliche Anspruchs-
dimensionen ausmachen. Oder anders angesetzt: Sind jene
"Menschenbilder" empirisch gewonnen - also an der Wirklichkeit des Menschen und von menschlicher Existenz abgelesen -
oder sind sie von normativer Struktur? Handelt es sich um ein
Bild des Menschen, "wie er ist" oder doch zu sein scheint,

oder handelt es sich um ein Bild des Menschen, wie er sein
soll?
Diese Unterscheidung gewinnt höchste Relevanz; wenn wir nun
den zweiten Ort ins Auge fassen, an dem das Bild des Menschen in der Politikwissenschaft sichtbar wird;
politische Wissenschaft könnte es ja auch zu ihren Aufgaben
zählen, ein Bild des Menschen immer wieder neu erst zu entwerfen - z.B. das Bild des vollendeten und vollkommenen homo
politicus, der alle Herrschaft dadurch abschafft, daß er sie
selbst in seine eigenen Hände nimmt. Dann müßten die normativen Entwürfe - vor allem, wenn sie als Ergebnis politikwis-
senschaftlicher Analyse ausgegeben werden - auf ihre Reali-
tätsnähe befragt werden. Nur so wären derartige Entwürfe von
jenen Erkenntnissen zu unterscheiden, die das tatsächliche
Verhalten von Menschen im politischen Bereich betreffen.

Das zu gewährleisten ist von ausschlaggebender Bedeutung.
Die gesamte Kontroverse um die angemessene Demokratietheorie etwa entscheidet sich daran, ob die Konzeptionen
der direkten Demokratie je zu Recht jenen vollkommenen Menschen ins Kalkül nehmen können, den erziehen zu können sie
vorgeben, während sie ihn wohl doch viel eher schon voraus-
setzen müssen. Eine realistische Analyse zeigt jedenfalls,
daß es "zumindest sehr von den psychologischen Prädisposi-
tionen des einzelnen abhängt, ob und in welchem Maße er die
Rolle des homo politicus als befriedigend empfindet" (Scharpf,
62). Zumindest konkurriere "die politische Partizipation"...
"unter dem Aspekt individueller Selbstbestimmung"...
"in der Regel mit einer Vielzahl ... "möglicherweise wirksa-
merer Gestaltungsmöglichkeiten". So scheitere das Postulat
totaler und universeller Partizipation meist schon daran,
daß alle darauf gerichteten "Aktivitäten" mit anderen Zielen
"um den Anteil an einem knappen Zeitbudget konkurrieren"
(Scharpf 61, 62).
Ähnliches zeigt sich, wenn man die Methodik der Begriffsbil-
dung etwa bei Herbert Marcuse an ausgewählten Beispielen
kritisch betrachtet. Politische Wissenschaft hat nicht nur

festzustellen, daß in ihrem Namen immer wieder - auch jenseits aller Realistik von Utopie - Bilder vom Menschen entworfen worden sind. Sie hat auch die Funktion, solche Verfahren zu kritisieren und als geradezu unpolitisch aufzuweisen.
Daß die Philosophen Könige oder die Könige Philosophen sein
müßten, ist eben - richtig verstanden - wohl doch eher eine
unpolitische als eine politische These. Und Freiheit als
etwas nirgendwo schon Existierendes zu definieren, kann für
Politikwissenschaft weder unter deskriptiven noch unter normativen Aspekten als sinnvoll erscheinen, auch wenn sie die
Freiheit des Philosophen, solches zu tun, verteidigen wird,
solange sie die Freiheit dazu hat... . (vgl. Leder-Wichard,
85 ff., 89).

3.3 Schließlich wird aber das Bild des Menschen in der Politikwissenschaft auch bei der Bestimmung ihres Gegenstandes immer
wieder wirksam. "Die Frage nach dem Objekt der Politischen
Wissenschaft ist eine anthropologische (im weitesten Sinne):
es geht in der Politik um das Handeln von Menschen und um das
Schicksal von Menschen, und zwar von Menschen, die in geord-
neten Gruppen, in Institutionen leben. Die Fragen: wie kommt
menschliches Handeln zustande, wie bilden sich und wie handeln Gruppen, erweitern sich zu den Fragen nach der Stellung
des Menschen in der Welt, die auf ihn wirkt und auf die er
wirkt, und nach dem Zusammenhang der Geschichte" (v.d.
Gablentz, 1960, 4).
Aber vieles in jenem fast schon "klassischen" Aufsatz über
"Politische Wissenschaft und Philosophie" werden manche
Politikwissenschaftler heute nicht mehr nachvollziehen wollen. Dort ist die Politikwissenschaft noch ganz entschieden
an die Seite und in die Nachbarschaft der Philosophie ge-
rückt - eine Tendenz, die sich in der ersten Phase der Neu-
begründung der Politikwissenschaft in der Bundesrepublik zu
ganzen Schulen ausformt und in der Forderung nach der Wiederherstellung der Politikwissenschaft als "praktischer
Philosophie" im Sinne der klassischen Tradition gipfelt

(vgl. Oberndörfer 1962; Hennis 1963; Jäger 1975).
Dagegen erscheint heute allein die Nennung jener Nachbardis-
ziplin vielen Politikwissenschaftlern schon fast als ver-
dächtig.
Philosophische Methoden werden schlichtweg als "ontologisch"
oder "metaphysisch" abgelehnt - in der Meinung, daß nur durch
das Verbot aller normativen Methoden vollgültig die Mitglied-
schaft im Kreise der Sozialwissenschaften erworben werden
könne: Dies für die Politikwissenschaft in Anspruch zu nehmen, erscheint manchem Repräsentanten des Faches wichtiger
als die Frage nach der Produktivität der je benutzten Verfahrensweisen. So gewinnt heute "die moderne politische Forschung" mit der Zurückweisung philosophischer Frageweisen
zugegebenermaßen "ihre methodische Schärfe und empirische
Aussagekraft" - paradoxerweise freilich gerade um den Preis
einer "Einschränkung ihrer Fragestellung". Sie operiert "mit
gesteigerter Wissenschaftlichkeit in einem reduzierten Frage-
feld" (Maier, 13).

4.   Aber ist die Politische Wissenschaft zu dieser Reduzierung
      ihres Fragefeldes nicht geradezu verpflichtet? Oder anders
      ausgedrückt: Müssen wir nicht eigentlich daran zweifeln, daß
      man überhaupt verantwortlich nach "dem Bild des Menschen in
      der Politikwissenschaft" fragen kann? Wir wollen versuchen,
      einige Gründe für solchen Zweifel zu nennen und plausibel zu
      machen.

4.1   Schon die Frage selbst ist in mehrfacher Hinsicht fragwürdig.
      Fragen wir hier eigentlich nach "dem Bild des Menschen in
      der Politikwissenschaft"? Oder fragt Politikwissenschaft nach
      dem Bild des Menschen in uns? Und wenn - was vorhin noch un-
      vermeidlich erschien - in Wirklichkeit Politikwissenschaft
      nach dem Bild des Menschen in der Politikwissenschaft fragen
      muß: wie kann sie das eigentlich, ohne je alles als schon
      bekannt vorauszusetzen, was sie doch erst noch in Erfahrung
      bringen will?

4.2 Wie immer jenes Bild vom Menschen auch beschaffen sein mag:
wer hat es denn nun in und vor aller Politikwissenschaft gezeichnet? Wie kann dieses Bild anderes zeigen als Widerspiegelungen höchst subjektiver Selbstinterpretationen? Was werden wir denn also eigentlich mehr vom Menschen wissen, auch
wenn wir "sein Bild" in der Politikwissenschaft mit ihren
Mitteln so exakt wie möglich ermittelt haben?

4.3 Dürfen wir es dann aber überhaupt riskieren, nach "dem Bild
des Menschen" in der Politikwissenschaft zu fragen? Müßte
unser Bestreben nicht vielmehr gerade dahin gehen, immer neu
Raum für "die Bilder vom Menschen" zu schaffen, damit niemals einer allein s e i n Bild vom Menschen zum Maßstab
für die Interpretation von Menschlichkeit und Menschenwürde
machen kann?
Gerade die Sorge vor Ideologien und Indoktrinationen muß
uns äußerste methodologische Schärfe und präzise Unterschei-
dungen nahelegen.
Deshalb folgen wir durchaus, wenn zwar "die allgemeinen Regeln der wissenschaftlichen Methode", wie "sie von den Vertretern des "Kritischen Rationalismus" vorgeschlagen worden
sind", nicht für unfehlbar gehalten werden, zugleich aber
festgestellt wird, daß "bis heute keine anderen Regeln bekannt zu sein" scheinen, "mit deren Hilfe das Ziel der Wissenschaft besser erreicht werden könnte" (Brezinka 1975, 23).
Diese Aussage ist prinzipiell widerlegbar. Der Nachweis, daß
andere Regeln besser vor Indoktrinationen schützen könnten,
würde dafür ausreichen. Der Kenner freilich vermerkt mit
Vergnügen, daß die Methode, die allein zu einer Falsifikation
jener Aussage führen könnte, wohl eben von der Art sein müßte,
deren qualitative Überlegenheit in dem zu falsifizierenden
Satz selbst behauptet ist.
Demgegenüber würde sich etwa die Aussage, eine "Theorie der
politischen Bildung" nehme "notwendigerweise Partei" (Mollenhauer, 151), bei näherem Betracht als im Grunde von vornherein gegen jeden Widerlegungsversuch abgeschirmt erweisen.
Denn sie wird begründet mit der Behauptung, daß mit der

Rationalität, die der Autor fordert, "zugleich der Wille gesetzt" sei, "die politischen Prozesse in die Verfügung des
Bürgers zu bringen" (Mollenhauer, 151). Dies macht gewiß be-
liebt. Aber die radikale Frage: "Woher weißt Du das"? bleibt
hier unaufgebbar und nutzlos zugleich.

Die scharfe Kritik Brezinkas (1966, 74 ff.) an der Aussage,
Pädagogik müsse versuchen, "den ganzen Menschen zu sehen, den
Menschen als Problem und als Geheimnis" (März, 37), wird so
immerhin verständlich.
Zwar ist der Mensch ganz gewiß "ein Problem" und "ein Geheimnis". Gerade deshalb aber gehört es zu den Pflichten der Politikwissenschaft, auf den ideologischen Gehalt so mancher
Vorstellungen hinzuweisen, die sich als kritisch ausgeben,
in Wirklichkeit aber oft nur Monopole für die Verwendung und
Interpretation bestimmter Schmuckworte in Anspruch nehmen
wollen. Politikwissenschaft muß also - gemäß ihrem Selbstverständnis als spezifische Sozialwissenschaft und konfrontiert mit den Fragestellungen der modernen Wissenschaftstheorie - skeptisch sein gegenüber allen nicht überprüfbaren
oder versteckten Aussagen über das Bild des Menschen, über
sein Wesen und über seine Natur, weil diese Aussagen allesamt
unter einem wichtigen Aspekt dauerhaft vorläufig bleiben.

4.4 So bleiben schließlich drei Fragen: Wie überwinden wir -
erstens - die Kluft zwischen der Sprache, mit der wir uns
wechselseitig ein Bild von den Menschen und Dingen zu vermitteln suchen, und der Realität dieser Menschen und Dinge
selbst? Wie können wir verhindern, daß unser Sprechen - und
schon gar unser Sprechen von dem Bild des Menschen - selbst
zu einem Hindernis für unsere Erkenntnis dieses Bildes oder
der abgebildeten Realität wird?
Zweitens: Wie gewährleisten wir, daß - bei aller Bereitschaft,
die Nützlichkeit und Legitimität des Meinens anzuerkennen -
der Übergang vom Meinen zum Wissen und vom wissenschaftlichen
Wissen zum Glauben je genau markiert wird - und daß die
Grenzzonen zwischen Meinen, Wissen und Glauben nicht zum

Tummelplatz eines ganz inhumanen Treibens doktrinärer Ideologen werden?

Und schließlich drittens: Wie sichern wir uns davor, daß
nicht unkontrollierbar als Handlungsnorm ausgegeben wird,
was in Wahrheit nur Behauptung ohne Beweis ist oder besten-
falls auf gutgemeinten, aber unzulässigen Schlüssen von
schönen Prämissen auf noch schönere Zukunftsentwürfe beruht?

4.5 Wenn es wahr ist, daß "unser Traum vom Himmel sich auf Erden
nicht verwirklichen läßt" (Popper, 1975, I, 267), spricht
vieles für die These, daß wir auch kein abschließendes Bild
vom Menschen auf Erden ermitteln können. Gerade wer im Glauben die Aussage für wahr hält, daß Gott den Menschen "nach
seinem Bilde" schuf, muß eigentlich die Frage nach dem Bild
des Menschen in der Politikwissenschaft für eine Frage halten, die die Möglichkeiten eben dieser Politikwissenschaft
übersteigt.
Politikwissenschaft nimmt also teil an dem Dilemma aller
Wissenschaft vom Menschen: daß Menschen - immer mit vorge-
faßten Auffassungen über das "Wesen des Menschen" - "gesicher-
tes Wissen" darüber zu gewinnen versuchen, was und wie dieser
Mensch eigentlich sei. Wenn dies unter dem Aspekt des Politischen geschieht, ändert sich nichts an der überall vergleichbaren Grundproblematik.

5.1 Aber diesem "Wir können gar nicht ..." muß doch noch die
Frage folgen, ob wir nicht "dennoch dürfen ..."
Denn man kann nun auch wieder mit guten Gründen bezweifeln,
ob denn "in einer Zeit, in der totalitäre Systeme den Menschen unmittelbar mit dem Problem der politischen Ordnung
konfrontieren...", "methodische Genauigkeit bei gleichzei-
tiger Reduzierung des Fragehorizonts" wirklich "als befreien-
de Lösung" empfunden werden kann (Maier, 13).
Oder anders und härter gefragt: Wieviel darf uns eigentlich
die "Wissenschaftlichkeit" der Wissenschaft wert sein, zu
deren Thema das Bild des Herrenmenschen, das der Nationalso-
zialismus entworfen hat, ebenso gehört wie das Bild der Ge-

mordeten in den KZs, das Bild vom "neuen Menschen", wie der
Sowjetkommunismus es entwirft, genauso wie das Bild des
Menschen im Archipel GULAG? Arnold Brecht hat in der Einführung zu seiner "Politischen Theorie", in der er gerade
die strenge wissenschaftliche Methode begründet und verteidigt, einen vielfach vergessenen Satz geschrieben: "Ihre Unfähigkeit, Bolschewismus, Faschismus oder Nationalsozialis-
mus moralisch bedingungslos zu verurteilen, wuchs sich für
die Politische Wissenschaft des 20. Jahrhunderts zu einer so
ernsten Tragödie aus, wie es je eine in der Geschichte der
Wissenschaft gegeben hat" (Brecht, 7). Muß dann nicht aber
die Frage nach dem Bild des Menschen - und zwar auch in ihrer normativen Dimension - gestellt werden dürfen, o b -
w o h l wir sie eigentlich nicht richtig stellen können -
eben damit sich eine solche Tragödie nicht wiederholt?

Ist vielleicht "die Meinung, man müsse eine absolut sichere
Grundlage des Wissens besitzen, um auf dieser das Haus der
Wissenschaft errichten zu können", wirklich ganz "inadäquat"?
(Acham, 61)
Ist es, aus Gründen der Selbsterhaltung und der drängenden
Relevanz, eben vielleicht doch erlaubt, die Forderung nach
rigoroser Selbstbegrenzung aufzugeben und stattdessen einer
normativen Denkweise wieder freien Raum zu geben - und sei
es unter Verzicht auf die engere politikwissenschaftliche
Heimat?
In einer jüngst erschienenen Theologischen Ethik findet
sich der Satz: "Ihre eigentliche Brisanz gewinnt die normative Situation für den heutigen Menschen jedoch mit dem
unmittelbar praxisrelevanten Tatbestand, daß er sich in
politisch-gesellschaftlichen Strukturen vorfindet, die ihn
den Risiken einer neuen, durch das Recht garantierten und
in Obhut genommenen Freiheit ausgesetzt sein lassen."
(Korff, 11). Liegt also hier das eigentliche Thema? Gibt es
also ein Drittes? Kann sich die Frage nach dem Menschen in
der Politikwissenschaft vielleicht doch, ungeachtet aller
methodologischen Einwände, einfach dadurch legitimieren,

daß wir die Probleme selbst sprechen und zu dieser Legitimation werden lassen?
Die Sachverhalte, um die es geht, kann man jetzt - nach allen
notwendigen Eingrenzungen - verhältnismäßig leicht benennen.
Es geht darum, daß das Zusammenleben der Menschen notwendig
Konflikte mit sich bringt, daß es - zumindest wegen der Möglichkeit einer Lösung für diese Konflikte - einer Ordnung
bedarf, daß diese Ordnung menschlicher Entscheidungs- und
Gestaltungsmöglichkeit unterliegt - und daß ihr deshalb je
neu zu suchender Inhalt offensichtlich nur dann "richtig"
ermittelt ist, wenn er "des Menschen würdig" ist. Dies ist
offenbar der Zusammenhang, der der Politikwissenschaft die
Frage nach dem Bild des Menschen aufzwingt, obwohl gewiß ist,
daß diese Frage unbeantwortbar bleibt - und ungewiß, ob wir
auch nur die Frage richtig stellen können.

5.3   Dazu erscheinen abschließend noch einige wenige kommentieren-
de Bemerkungen angezeigt.
Zunächst: Der Zugang zu dieser Frage nach dem Bild des Menschen muß also in jener Einstellung gesucht werden, die zu-
gibt, "daß ich mich irren kann, daß Du recht haben kannst,
und daß wir zusammen vielleicht der Wahrheit auf die Spur
kommen werden" (Popper, II, 276). Gerade wenn wir keinen Bereich von der Anwendung solcher kritischen Prüfung als pri-
viligiert ausnehmen, gewinnen wir "für unsere kritisch-
rationale Diskussion" so etwas wie eine "ethische Basis"
(Acham, 63). Denn dann verpflichtet uns allein schon die
Hoffnung auf eine menschenwürdigere Ordnung des Zusammenlebens dazu, jede noch so vorläufige und unvollkommene Einsicht
in die Bedingungen solcher Ordnung für wichtiger zu halten
als eine Kombination aus methodischem Purismus und allgemei-
nem Chaos.
Dann darf also eben doch mit Beharrlichkeit gefragt werden,
wie eigentlich das Phänomen der menschlichen Entscheidung
strukturiert ist, das für das politische Denken und Handeln
konstitutiv ist. Dann darf darauf hingewiesen werden, daß
wir den Menschen auch unter dem Aspekt der Politikwissenschaft

erst halb erfaßt haben, wenn wir nicht verstehen, daß Menschen "ohne Streit und Konflikte" nur als "halbe Menschen
zusammenleben". Politikwissenschaft wird also immer das Bild
des in Konflikten lebenden Menschen zu ermitteln bzw. zu entwerfen versuchen. Aber es ist dann eben auch wahr, daß die
Menschen "zur humanen Bewältigung der Konflikte" .. "das
Recht erfunden haben" (Kaufmann 146, 147). Politikwissenschaft muß also auch darauf bestehen, daß der den Menschen
schützende Zweck von Recht nicht dadurch in sein Gegenteil
verkehrt wird, daß jeder einzelne voll und ohne Grenze als
zur Interpretation der Rechtsordnung legitimiert dargestellt
wird.

Oder anders ausgedrückt: Zum Bild des Menschen vor dem Forum
der Politikwissenschaft gehört nicht nur der Konflikt, sondern auch die Chance zu seiner Lösung. Und die Durchsetzung
der Regeln für die Lösung des Konflikts dürfen ihrerseits
den neuen Konflikt nicht vom Prinzip her unmöglich machen.
Denn der Mensch als einer, der das Vermögen hat, zu irren,
und als derjenige, der das Vermögen hat, seine Ordnungen
selbst zu gestalten, wäre sonst nicht mehr er selbst.

Der Mut, den anthropologischen Ansatz in der Politikwissenschaft immer wieder neu zu wagen, führt also dazu, die Bewahrung einer instabilen Stabilität als Aufgabe der Politik
zu postulieren. Die Offenheit des politischen Systems, die
allein in demokratischen Systemen parlamentarischer Prägung
erreichbar erscheint, muß stabilisiert bleiben. Gerade weil
wir die Frage nach dem Bild des Menschen in der Politikwissenschaft um dieser Offenheit willen stellen dürfen, können
wir behaupten, daß es die letzte aller Reformen wäre, wenn
die Offenheit der Gesellschaft zur Disposition gestellt und
abgelöst würde (vgl. Leder-Wichard, 184).

Allein für die Person des Verfassers und nach seinem heutigen Erfahrungs- und Wissensstand kann dieser Beitrag also am
besten mit einer bekenntnishaften Bemerkung von Karl Popper
schließen: "Wenn wir vor der Aufgabe zurückschrecken, unser

Kreuz zu tragen, das Kreuz der Menschlichkeit, der Vernunft
und der Verantwortlichkeit, wenn wir den Mut verlieren und
der Last des Kreuzes müde sind, dann müssen wir uns mit
einem klaren Verständnis der einfachen Entscheidung zu
stärken versuchen, die vor uns liegt. Wir können wieder zu
Bestien werden. Aber wenn wir Menschen bleiben wollen, dann
gibt es nur einen Weg, den Weg in die offene Gesellschaft.
Wir müssen ins Unbekannte, ins Ungewisse, ins Unsichere
weiterschreiten und die Vernunft, die uns gegeben ist, ver-
wenden, um, so gut wir es eben können, für beides zu planen:
nicht nur für Sicherheit, sondern zugleich auch für Freiheit" (Popper, I, 268).

Acham, K.:   Politikberatung aus der Sicht der analytischen
                    Philosphie; in: H. Maier, K. Ritter, U. Matz
                    (Hrsg.), Politik und Wissenschaft, München 1971,
                    S. 53 ff.

Albert, H.:   Probleme der Wissenschaftslehre in der Sozial-
                    forschung; in: Handbuch der empirischen Sozial-
                    forschung, hrsg. v. R. König, 1973³, Bd. 1,
                    S. 57 ff.

Balandier, G.: Politische Anthropologie, München 1976.

Bergstraesser, A.: Politik in Wissenschaft und Bildung,
                    Freiburg 1961.

Braun, H.:   Die Problematik einer Theologie des Neuen Testa-
                    ments, in: Zeitschrift für Theologie und Kirche,
                    58. Jg., 1961, Beiheft 2, S. 12 ff.

Brecht, A.:   Politische Theorie, Tübingen 1961.

Brezinka, W.:   Die Krise der wissenschaftlichen Pädagogik im
                    Spiegel neuer Lehrbücher, in Z. f. Päd. 1966,
                    S. 53 - 88.

Brezinka, W.:   Von der Pädagogik zur Erziehungswissenschaft,
                    Weinheim u. Basel 1975³.

Fraenkel, E.:   Das amerikanische Regierungssystem, Köln u.
                       Opladen 1962[2].

v.d. Gablentz, O.H.:   Politische Wissenschaft und Philosophie,
                       in: Politische Vierteljahresschrift, 1960,
                       S. 4 ff.

v.d. Gablentz, O.H.:   Einführung in die Politische Wissenschaft,
                       Köln u. Opladen 1965.

v. Gebsattel, V.E.:   Imago hominis, Schweinfurt 1964.

Hennis, W.:   Politik und praktische Philosophie, Neuwied
                       u.a., 1963.

Jäger, W.:   Ethik, Politik, Ökonomie - Zur Entwicklung
                       der Wissenschaftlichen Politik in Deutschland;
                       in: D. Oberndörfer, W. Jäger: Die neue Elite,
                       Freiburg 1975, S. 383 - 402.

Kaufmann, L.:   Bericht, in: Orientierung, Jg. 40, Nr. 13.

Korff, W.:   Theologische Ethik, Freiburg u.a. 1975.

Leder, G. - Wichard, R.: Institutionen und Probleme der parlamen-
                       tarischen Demokratie, Hildesheim u. New York
                       1976.

März, F.:   Einführung in die Pädagogik, München 1965.

Maier, H.:   Politik als Gegenstand wissenschaftlicher
                       Forschung, in: Politische Wissenschaft heute,
                       hrsg. v. L. Reinisch, München 1971, S. 1-13.

Maunz, Th. - Dürig, G. - Herzog, R.: Grundgesetz. Kommentar.
                       München 1976[4], Erläuterungen zu Art. 1.

Mollenhauer, K.:   Umriß einer politischen Bildung als politische
                       Aufklärung, in: Ders[6]: Erziehung und Emanzi-
                       pation, München 1973[6], S. 151 ff.

Mühlmann, E.W.:   Die Idee einer zusammenfassenden Anthropologie:
                       in: K.G. Sprecht (Hrsg.): Soziologische For-
                       schung in unserer Zeit, Köln u. Opladen 1951

Oberndörfer, D.:   Politik als praktische Wissenschaft, in:
                       Ders. (Hrsg.): Wissenschaftliche Politik,
                       Freiburg 1962, S. 9 ff.

Popper, K.:   Die offene Gesellschaft und ihre Feinde,
                       München 1975[4], Bd. I, Bd. II.

Portmann, A.:   Um eine basale Anthropologie, in: Ders.:
                   Biologie und Geist, Zürich 1956, 293-308.

Roth, H.:   Erziehungswissenschaft, Erziehungsfeld und
                   Lehrerbildung, hrsg. v. H. Thiersch u. H.
                   Tütken, Hannover 1967.

Scharpf, F.:   Demokratietheorie zwischen Utopie und An-
                   passung, Konstanz 1970.

Stieglitz, H.:   Soziologie und Erziehungswissenschaft,
                   Stuttgart 1970.

Die Autoren

Hans-Friedrich B a r t i g
Dr. phil., Lic. phil.; geb. 1936; Studium der Philosophie,
Germanistik, Geschichte und Psychologie in Bonn, Innsbruck,
München; Tätigkeit in der Erwachsenenbildung;
seit 1969 Mitarbeit am Lehrstuhl für Philosophie der PHN,
Abteilung Hildesheim, als wissenschaftlicher Assistent, jetzt
Akademischer Oberrat; Schwerpunkte: Religionsphilosophie und
philosophische Ästhetik.
Veröffentlichungen: Herbert Marcuses utopische Wirkung,
Hannover 1971. Sätze und Gegensätze, Maoismus - Christentum,
Hildesheim 1972.

Franz F l i n t r o p
Dr. phil., Lic. phil.; geb. 1920; Studium der Philosophie,
Theologie und Soziologie;
seit 1955 o. Prof. für Philosophie an der PHN, Abt. Hildesheim.
Tätigkeiten als Mitglied des Senats und des Promotionsausschusses,
in der Erwachsenenbildung und ihren Leitungsgremien.
Veröffentlichungen zu Grenzfragen zwischen Philosophie und Theo-
logie und Fragen aus dem Bereich der Erwachsenenbildung.

Günther K l a g e s
geb. 1922; ab 1952 Pastor in Hildesheim, Freden/Leine und
Hannover; ab 1953 gleichzeitig Studentenpfarrer und Lehrbeauf-
tragter für Religionspädagogik; ab 1963 Professor für Ev. Theologie und Religionspädagogik an der Pädagogischen Hochschule Alfeld/
Leine;
seit 1970 o. Professor an der Pädagogischen Hochschule Niedersachsen, Abteilung Hildesheim, Lehrstuhl für Ev. Theologie und
Didaktik des ev. Religionsunterrichts.
Veröffentlichungen (Auswahl): Die neuere historische Jesus-
Forschung und ihre Relevanz für den Religionsunterricht, in:

Die Deutsche Schule 7/8, 1966; Möglichkeiten und Grenzen einer
Zusammenarbeit im katholischen und evangelischen Religionsunter-
richt, in: Evangelische Unterweisung 10/1966; Möglichkeiten für
einen Dialog zwischen moderner Dichtung und biblischen Texten im
Religionsunterricht, in: Evangelische Unterweisung 11/1968;
Die Relevanz der exegetischen Theologie für den Religionsunterricht, in: Zeitschrift für Religionspädagogik 7/1970; Glück als
Paradigma eines problemorientierten Religionsunterrichts, in:
Die Spur 1/2 1972; Problemunterricht - der Religionsunterricht
der Zukunft?, Göttingen 1972; Jeremia, Gütersloh 1973; Die Bibel
im Religionsunterricht, Berlin 1974; Alter - Sterben - Tod, in:
Zeitschrift für Religionspädagogik 5/1974; Wir feiern - Unter-
richtsmodell für die Sekundarstufe I, in: Zeitschrift für Religionspädagogik 5/1975; Weltreligionen und Christentum im Gespräch
- Die Weltreligion im Unterricht, Hildesheim 1977; Evangelium und
Politik, in: Die Spur 2/1977; Außerdem Aufsätze in wichtigen
religionspädagogischen Zeitschriften; Mitarbeiter an der "Zeitschrift für Religionspädagogik".

Hans Otto   K n a c k s t e d t
Dr. theol.; geb. 1912; Studium der Philosophie und Theologie in
Münster und Rom; Priesterweihe 1937; seelsorgliche Tätigkeit;
seit 1946 Dozent an der Pädagogischen Hochschule Alfeld/L.;
z.Zt. o. Professor für Kath. Theologie und Religionspädagogik
an der Pädagogischen Hochschule Niedersachsen, Abteilung Hildesheim.
Veröffentlichungen zur Religionspädagogik und -didaktik.

Gottfried   L e d e r
Dr. jur.; geb. 1929; Studium der Rechts- und Staatswissenschaften
in Köln; z.Zt. o. Professor an der Pädagogischen Hochschule
Niedersachsen, Abteilung Hildesheim, Lehrstuhl für Politische
Wissenschaft.
Veröffentlichungen (Auswahl): Kriegsdienstverweigerung aus
Gewissensgründen (1957); Institutionen und Probleme der parlamen-

tarischen Demokratie (gemeinsam mit Rudolf Wichard) (1971, 1976[2]).

Dieter L ü t t g e

Dr. rer. nat., Dipl.-Psych., geb. 1931; Studium der Pädagogik in
Braunschweig, Lehrer, Assistent für Schulpädagogik an der Pädagogischen Hochschule Braunschweig, Studium der Psychologie, Philosophie, Zoologie an der TU Braunschweig, Wiss. Ass. am Institut
für Psychologie der TU Braunschweig, Promotion, apl. Dozent an
der Pädagogischen Hochschule Braunschweig, z.Zt. o. Professor
für Psychologie an der Pädagogischen Hochschule Niedersachsen,
Abt. Hildesheim.
Veröffentlichungen (Auswahl): Einführung in die Pädagogische
Psychologie (1972); Einführung in die allgemeine Psychologie,
gemeinsam mit Zietz (1972); Untersuchungen zum Frühbeginn des
Englischunterrichts, gemeinsam mit Doyé (1977).

Heinrich M a i w o r m

Dr. phil., geb. 1916; Studium der Fächer Deutsch, Englisch,
Französisch, Philosophie; Tätigkeiten als Lehrer an Volksschule
und Gymnasium;
seit 1960 Dozent bzw. o. Professor an der Pädagogischen Hochschule
Niedersachsen, Abteilung Hildesheim, Lehrstuhl für Deutsche Sprache
und Didaktik des Deutschunterrichts.
Veröffentlichungen (Auswahl): Epos der Neuzeit, in: Deutsche
Philologie im Aufriß, Berlin 1954; Neue deutsche Epik, Berlin 1968;
Deutsch im 9. Schuljahr, in: Standardwerk des Volksschullehrers 9,
Bochum o.J.; Modellplan I für das Fach Deutsch, in: Modellversuch
10. Klasse an Hauptschulen, Hannover 1971; Westermann Sprachbuch
Bd. 5-9, (Herausgeber), Braunschweig 1971-1975; Zum Problem der
Dominanz verbaler Leistungen im Abschlußverfahren aus der Sicht
des Faches Deutsch, in: Schulversuch und Schulreform Bd. 6,
Hannover 1975; Kappe/Maiworm/Menzel, Unser Wortschatz, Braunschweig
1976; Baurmann/Maiworm/Menzel, praxis sprache Bd. 5, Braunschweig
1977.

Karl Gerhard P ö p p e l
Dr. phil., geb. 1927; Studium in Paderborn; Lehrer in
Elsen/Krs. Paderborn; Studium (Pädagogik, Philosophie, Musik-
wissenschaft) in Münster; Dozent an der Pädagogischen Hoch-
schule Alfeld/Leine; z.Zt. o. Professor an der Pädagogischen
Hochschule Niedersachsen, Abt. Hildesheim, Lehrstuhl für
Schulpädagogik.
Veröffentlichungen (Auswahl): Die docta ignorantia des
Nicolaus Cusanus als Bildungsprinzip (1956); Freie Schule als
Beitrag zur Schulreform (1977); Mitarbeit an: Einführung in die
päd. Fragestellung II (1963), Grundbegriffe der päd. Fachsprache
(2/1976), Bildungstheorie und Schule (1974), Handwörterbuch der
Schulpädagogik (2/1976), Die emotionale Dimension in Unterricht
und Erziehung (2/1976).

Helmut S t u r m
Dr. rer.nat., geb. 1929; Studium der Biologie, Chemie, Physik und
Philosophie in Mainz. Promotion mit einer Arbeit zur Ethologie
von Insekten. Referendar und Assessor; Dozent in Oldenburg (Oldb.)
und Koblenz. Zwei Forschungs- und Lehraufenthalte in Kolumbien;
seit 1970 o. Professor für Biologie und Didaktik der Biologie an
der Pädagogischen Hochschule Niedersachsen, Abt. Hildesheim.
Veröffentlichungen zu grundlegenden biologischen Arbeitsweisen,
zur Ethologie verschiedener Arthropodengruppen, speziell der
Urinsekten, und zu ökologischen Problemen.

Rudolf W i c h a r d
Dr. phil., geb. 1937; Lehrer und Realschullehrer; Wiss. Assistent
an der Abteilung Alfeld/Hildesheim der Pädagogischen Hochschule
Niedersachsen; Studium in Braunschweig (Wissenschaft von der
Politik, Neuere Geschichte, Pädagogik);
z.Zt. Akademischer Rat an der Pädagogischen Hochschule Niedersachsen, Abteilung Hildesheim (Politische Wissenschaft/Sozial-
kunde).

Veröffentlichungen (Auswahl): Institutionen und Probleme der parlamentarischen Demokratie (zusammen mit G. Leder, 1971/73; Neuauflage 1976); Wahlen in Hildesheim 1867 bis 1972 (1975); Parteien in der Demokratie (1975, Neuauflage 1977).

Karl Gerhard Pöppel (Hg.)
Freie Schule als Beitrag zur Schulreform

Hildesheim 1977. 169 Seiten. DM 17,80
(Hildesheimer Beiträge zu den Erziehungs- und Sozialwissenschaften, 3.)

Die Frage nach der *Profilierung der Freien Schule* ist der rote Faden, der sich durch alle Beiträge dieser Veröffentlichung hindurchzieht. Unter diesem Gesichtspunkt sind *fünf Schwerpunkte* der Schule aufgegriffen: *Schulleben, Unterricht, Erziehung, Religionsunterricht und Schulseelsorge, Lehrer und Lehrerkollegium.* Dem geht ein Beitrag zur Ortsbestimmung der Freien Schule in einer demokratischen Gesellschaft und zu ihrem pädagogischen Wertgefüge in dieser Gesellschaft voraus.

Wie alle anderen Schulen sind auch die Freien Schulen vielfältig an Gesetz und Norm gebunden. Dennoch besitzen sie einen Aktionsraum, den es für die Veränderung ihrer Praxis zu bedenken und konsequent für ihre Profilierung zu verfolgen gilt. Dabei wird hier nicht auf ein idealistisch-utopisches Modell ausgewichen. In den Beiträgen werden die „normalen" Verhältnisse der Schule daraufhin befragt, was ihrer Profilierung unter erzieherischen und unterrichtlichen Aspekten dient. Erfahrungen, erprobte Möglichkeiten und Formen kommen dabei ebenso zur Sprache wie Anregungen, Vorschläge und Perspektiven weiterer Entwicklung.

Die Inhaltsübersicht:

Einleitung

Karl Gerhard Pöppel	Über Staat, Freie Schule und Pädagogik
Werner Seidler	Zur Profilierung des Schullebens in der Freien Schule
Karl Gerhard Pöppel/ Antonius Sommer	Zur Profilierung des Unterrichts in der Freien Schule
Rudolf Hülshoff	Zur Profilierung der Erziehung in der Freien Schule
Heinz Janssen	Aspekte des Religionsunterrichts und der Schulseelsorge in der Freien Schule
Dieter Hintz	Zur Qualifizierung des Lehrers und des Lehrerkollegiums in der Freien Schule

Georg Olms Verlag D-3200 Hildesheim
Hagentorwall 7

Reihe:
STUDIEN, TEXTE, ENTWÜRFE
Hildesheimer Beiträge zu den Erziehungs- und Sozialwissenschaften

Bd. I Gottfried Leder — Rudolf Wichard,
Institutionen und Probleme der parlamentarischen Demokratie.
Hildesheim 1976. 194 Seiten. DM 14,80

Bd. II G. Klages — H. Heutger,
Weltreligionen und Christentum im Gespräch. Die Weltreligionen im Unterricht.
Hildesheim 1977. 261 Seiten. DM 19,80

Bd. III Karl G. Pöppel (Hg.)
Freie Schule als Beitrag zur Schulreform.
Hildesheim 1977. 169 Seiten. DM 17,80

Bd. IV Rudolf Wichard,
Parteien in der Demokratie. Einführung in die allgemeine Parteienlehre.
Hildesheim 1977. 120 Seiten. DM 15,80

Bd. V Werner Sumaski,
Systematische Beobachtung. Einführung in eine empirische Methode.
Hildesheim 1977. 140 Seiten. DM 13,80

Bd. VI Herward Sieberg,
Dritte Welt — Vierte Welt. Grundprobleme der Entwicklungsländer.
Hildesheim 1977. 170 Seiten. DM 17,80

Bd. VII Karl G. Pöppel (Hg.),
Das Bild vom Menschen in der Wissenschaft.
Hildesheim 1978. 200 Seiten. DM 15,80
Bitte Sonderprospekt anfordern!

OLMS VERLAG **HILDESHEIM**

HAGENTORWALL 7